인공지능 거버넌스

인공지능총서

인공지능 시대입니다. 기계가 인간의 인지를 대신하고, 사물이 인간을 통하지 않고 다른 사물과 직접 커뮤니케이션합니다. 이에 따른 인간 삶과 문명 변화를 정확히 이해·예측·대응하는 것은 이 시대 우리 모두의 과제입니다. 인공지능총서는 인공지능 기술과 환경의 여러 주제를 10가지 키워드로 정리합니다. 관련 개념과 이론, 학계와 산업계의 쟁점, 우리 일상의 변화를 다룹니다. 인간과 기술의 현재, 미래를 세심히 분석합니다.

일러두기

- 인명, 작품명, 저서명, 개념어 등은 한글과 함께 괄호 안에 해당 국가의 원어를 병기했습니다.
- 외래어 표기는 현행 어문규정의 외래어표기법을 따랐습니다.
- 이 책은 저자의 "인공지능 거버넌스와 통상규범의 과제" 논문 내용을 다수 인용하고 있음을 밝힙니다.

인공지능 거버넌스

김호철

대한민국, 서울, 커뮤니케이션북스, 2024

인공지능 거버넌스

지은이 김호철
펴낸이 박영률

초판 1쇄 펴낸날 2024년 9월 13일

커뮤니케이션북스(주)
출판 등록 2007년 8월 17일 제313-2007-000166호
02880 서울시 성북구 성북로 5-11
전화(02) 7474 001, 팩스(02) 736 5047
commbooks@commbooks.com
www.commbooks.com

ISBN 979-11-288-2807-2 03500

책값은 뒤표지에 표시되어 있습니다.

차례

새로운 지능과 거버넌스

2023년 5월 샘 알트만(Sam Altman), 데미스 허사비스(Demis Hassabis), 제프리 힌턴(Geoffrey Hinton) 등은 공개 성명서를 통해 "인공지능에 따른 인류 소멸의 위험을 줄이는 것이 팬데믹, 핵전쟁 위험 등에 버금가는 글로벌 우선 과제가 되어야 한다"고 경고했다.

인공지능(Artificial Intelligence, 이하 AI)은 인지, 추론, 판단 등 인간의 지적 능력을 컴퓨터 환경에 구현하는 기술을 말한다. 1956년부터 AI라는 용어가 사용되기 시작했고, 초기에는 사람이 설정한 규칙에 따라 작동하는 규칙 기반 방식이었다. 2010년대 들어 컴퓨터 성능 개선과 빅데이터 확보에 힘입어 스스로 학습하는 기계학습(machine learning)이 성과를 보이기 시작했고, 2020년대 들어서는 데이터를 학습해 새로운 창작물을 만들어 내는 생성형 AI(generative AI)가 상용화되고 기술 발전 속도가 빨라지고 있다. 아직은 특정 과업을 수행하는 좁은 인공지능(narrow AI) 수준에 머물고 있지만 인간처럼 일반 지능을 갖춘 범용 인공지능(general AI) 개발에

박차를 가하고 있다(김호철, 2023).

AI 기술이 비약적으로 발전함에 따라, 인류는 가까운 미래에 인간에 버금가는 새로운 지능을 마주할 것으로 전망된다. 이는 우리에게 중요한 질문을 던진다. 과연 인간은 새로운 지능과 공존할 준비가 되어 있는가? 인간과 AI가 서로 협력해 더 나은 결과를 얻고 함께 성장하는 시대를 만들어 갈 수 있는가? 챗GPT를 비롯한 다양한 AI 모델이 우리 일상생활에 혁신적 변화를 가져오지만, 동시에 다양한 윤리적 · 사회적 · 안보적 우려가 제기된다. 또한 향후 AI가 인간 지능 수준을 넘어서더라도 여전히 통제 가능할 것인지도 의문이다. 이에 국제사회는 어떻게 하면 AI에 따른 편익은 극대화하면서 해악은 최소화할 수 있는지를 고민하고 있다. 이것이 AI 거버넌스를 논의하는 이유다.

'거버넌스'는 전통적으로 국가의 통치 방식을 지칭해 왔으며, 최근 들어서는 중앙집권적 국가 모델의 한계를 넘어 다양한 이해당사자가 협의를 거쳐 공동의 문제를 해결하는 실천적 대안을 의미하는 개념으로 활용된다. 따라서 'AI 거버넌스'는 AI 개발, 사용 및 배포와 관련한 정책, 규범, 법률 및 제도를 통칭하며, 정부의 행위뿐만 아니라 사회의 각 부문에서 나타나는 행동, 규범 및 제도를 포함하는 것으로 이해된다. 다만 아직은 AI 거버넌스가 태동 단계에 있어 그 정의나 범위에 대한 명확한 합의가 없이 다양한 맥락에서 사용되고 있다. 이를 감안할 때, 현 단계에서 AI 거버넌스의 개념을 선험적으로 정의하기보다는 복잡하고 다양한 현실 세계의 실천적 측면에서 어떠한 형태의 규범이 형성되어 가고 있는지를 조망하는 접근이 유용할 것이다.

AI 거버넌스는 종종 'AI 안전성(safety)'과 함께 사용된다. 두 개념이 모두 인간에게 이로운 AI를 개발하는 것을 목표하고 있지만, AI 거버넌스는 AI가 개발되고 사용되는 제도와 맥락에 초점을 두는 반면 AI 안전성은 AI가 어떻게 개발되는지의 기술적 질문에 초점을 둔다. 다시 말해서, AI 거버넌스는 첨단 AI를 구축하고 사용하는 사람들이 인류의 이익을 위해 필요한 목표, 유인 구조, 세계 비전, 시간, 자원, 지원 및 조직적 기반을 갖추도록 하는 것을 추구한다.

AI 거버넌스 관련 연구는 크게 기술적 변화, AI 정치경제, 이상적 거버넌스 등 세 가지 분야에서 이루어지고 있다. 첫째, 기술적 변화 연구는 AI에 대한 기술적 투입 요소, 가능성 및 한계를 이해하고 다른 연구 분야의 기초를 제공하는 것이다. 첨단 AI 시스템 역량과 특성의 도식화,

AI 기술 진보에 대한 모델링과 미래 전망, 안전한 AI 시스템의 실행 가능성, 제약 요인, 비용 및 특성에 대한 평가 등이 포함된다. 둘째, AI 정치경제 연구는 기업, 정부, 연구 기관 및 여타 행위자 간의 정치적 역학관계 분석에 초점을 두어, 이러한 정치경제와 기술적 변화의 상호 작용을 검토한다. AI가 정치적 구조를 어떻게 변화시키는지, AI 기반 감시체계가 권위적 국가의 통제를 보다 강화할 것인지, 각국은 불평등과 실업의 확대 가능성에 어떻게 대응해야 하는지, AI가 국제적 정치경제를 어떻게 변화시키는지, AI로 인해 국제 안보가 받는 도전은 무엇인지 등을 검토한다. 셋째, 이상적 거버넌스 연구는 글로벌 AI 역학관계에서 바람직한 거버넌스 체계는 어떤 모습인지, 우리는 무엇을 협력할 수 있는지를 탐색한다. 이를 위해 인류가 거버넌스 시스템을 통해 추구하기 원하는 가치는 무엇이고, 각종 거버넌스 체제의 적정성을 보장하는 제도적 장치로는 어떤 것이 있을지 등을 검토한다(Dafoe, 2018).

AI 기술이 고도화되고 점차 상용화되면서 정부와 민간에서 AI 거버넌스에 대한 논의가 활발하다. 다만 그 구체적 내용의 범위와 깊이에서 적지 않은 차이가 있다. AI를 개발하고 활용하는 과정에 적용될 일반적 원칙을 윤리적 규범 형태로 천명하는 수준에 그치는 경우도 있고, AI가 이용되거나 가까운 시일 내에 이용될 분야에서 상세한 현실적 이슈를 다루는 위험 관리 규제도 있다. 또한 AI로 인한 안보적 도전과 글로벌 지정학이 각종 제한 조치로 이어진 기술 안보 분야가 있다. AI 거버넌스의 내용과 범위가 아직은 구체화되지 않은 상황에서, 필자는 AI 거버넌스 논의가 현실 세계에 구현되는 실천적 양태로서 이러한 윤리적 규범, 위험 관리 규제, 기술 안보 조치의 세 가지 측면을 주목하고자 한다.

비즈니스 현실에서 AI 거버넌스가 어떻게 작동하고 있는지, 앞으로 어떤 방향으로 형성될 것인지 살펴보는 것은 매우 중요하다. 그런데, AI 거버넌스를 이야기하면 일반적으로 챗GPT와 같은 생성형 AI나 거대언어모델(LLM)을 떠올리며, 첨단 AI를 개발하는 연구소에 적용되는 윤리적 선언 정도로 치부하는 경향이 있다. 필자는 이러한 기술 거버넌스의 좁은 시야에서 벗어나서 AI 기술 혁신이 가져올 산업의 디지털 전환과 경제적 · 사회적 변화를 폭넓게 바라보면서 거버넌스를 논의해야 한다고 생각한다.

몇 가지 사례를 들어 보자. 첫째, 생성형 AI 개발을 주도하는 빅테크 기업들은 플랫폼 비즈니스 방식을 취하고 있고, 네트워크 효과와 승자 독식 구조로 인해 독점적 지위 남용에 대한 우려를 수반한다. 이에 따른 각국의 경쟁법 규율 강화는 거버넌스의 맥락에서 검토되어야 한다. 둘째, AI에 기반한 완전 자율주행이 상용화되면 비즈니스 방식뿐만 아니라 인류의 삶 전반에서 혁신적 변화를 가져올 것이다. 자율주행차를 연구하는 분들은 자율주행 규제와 AI 윤리는 전혀 다른 영역이므로 별개로 다루어져야 한다고 주장한다. 과연 그러한지 의문이다. 특히 AI 시스템에 대한 통합 규율인 EU 인공지능법의 위험 관리 규제가 자율주행 비즈니스 및 국제 통상에 어떻게 적용될 것인지 주목된다. 셋째, AI 혁신은 제조 현장의 디지털 전환을 가져와 제품의 생산 방식과 비즈니스 모델을 변화시키고 있다. AI와 로봇이 구현하는 자율형 공장으로 진화하고 제품에 AI가 결합한 새로운 서비스가 등장하고 있다. 통상의 방식과 대상의 변화에 따른 새로운 통상 거버넌스가 필요하다.

이러한 토대 위에 본서는 크게 세 부분으로 구성된다. 첫 부분인 1장부터 4장까지는, AI의 기술적 발전을 안전성과 인간의 통제라는 측면에서 조망하고, 글로벌 지정학이 AI 기술 경쟁과 맞물려 거버넌스에 어떤 영향을 미치는지 살펴본 다음, 이상적 거버넌스를 위한 몇 가지 핵심 원칙을 소개한다. 둘째 부분인 5장부터 7장까지는 AI 거버넌스의 실천적 양태로서, AI 개발 · 이용과 관련해 정부와 민간에서 형성되고 있는 윤리 규범을 소개하고, AI 시스템이 내포하는 위험의 내용과 정도에 따라 정책적으로 개입하는 각국의 위험 관리 규제에 대해 살펴보며, AI 기술의 군사적 활용이 늘어나면서 국가 안보 차원에서 전방위 수출 통제로 이어지는 기술 안보 규율의 도전을 검토한다. 마지막 부분인 8장부터 10장에서는 플랫폼 비즈니스, 자율주행 시스템, 자율제조 혁신을 분석 사례로 들어, 비즈니스 현실에서 AI 거버넌스와 관련해 어떤 쟁점이 논의되고 어떻게 제도적 장치가 마련되는지를 살펴본다.

참고문헌

김호철(2023). "인공지능 거버넌스와 통상규범의 과제". ≪국제경제법연구≫, 21권 3호, 105-133.

박선형(2024). "AI 거버넌스의 정의와 쟁점 및 발전 과제: 비판적 관점". ≪교육정치학연구≫, 31집 1호, 1-8.

Bullock, J. B., et al.(Eds) (2024). *The Oxford handbook of AI governance*. Oxford: Oxford University Press.

Dafoe, A.(2018). *AI governance: A research agenda*. Centre for the Governance of AI.

01
AI는 안전한가

AI 알고리즘은 '블랙박스'라고 불린다. 스스로 학습하고 데이터가 어떻게 상호 연관되는지 보여 주지 않는다. 그럴듯한 문장으로 출력하는 거짓 답변에서 보듯이, 시간 경과에 따라 시스템이 예상치 못한 방식으로 진화할 우려도 있다. 자폭 드론, 살상용 로봇 등 치명적 자율무기가 배치되고 인간의 통제에서 벗어날 가능성도 제기된다.

알고리즘 블랙박스

AI 시스템은 알고리즘이 입력된 데이터로부터 패턴이나 관계를 학습해 분류, 예측 등의 작업을 수행한다. 그런데 흔히 알고리즘을 '블랙박스'라고 부른다.

인공 신경망

AI 개발 초기에는 규칙 기반 알고리즘을 사용했다. 이 모델은 개발자가 설정한 규칙에 따라 논리적 연산을 수행한다. 잘못된 결과물이 나오면 규칙을 분석하고 관찰하여 특정한 오류를 고칠 수 있었다.

그러나 최근 사용되는 기계학습(머신러닝), 심화학습(딥러닝) 알고리즘에서는 '인공 신경망'을 사용한다. 인간의 뇌를 모방한 신경망의 각 노드와 레이어는 서로 연결되어 있으며, 수십억 개가 넘는 매개변수(파라미터)가 수학적 연산을 통해 상호작용한다. 이때 매개변수에는 스스로 학습한 가중치가 내재되어 있고 이를 통해 확률적 상관관계를 찾아 결과물을 도출한다. AI 모델은 데이터가 어떻게 상호 연관되어 있는지 보여 주지 않으며, 사용자는 입력과 출력만을 확인할 수 있다. 알고리즘을 설계하고 훈련한 이들조차 AI 모델의 내부적인 의사 결정 근거나 과정을 설명하기 어렵다.

설명 가능한 AI

사용자가 AI 모델의 작동 원리를 명확히 이해할 수 없는데 그 결과물을 신뢰할 수 있을까. 예를 들어 금융사에서 고객의 신용 평가를 위해 심화학습 모델을 사용하는 상황을 가정해 보자. AI 모델이 해당 고객에게 특정 신용 등급을 부여한 근거를 확인할 수 없다면, 그 결과에 대해 고객의 이해를 구하기 어려울 것이다.

이에 따라 '설명 가능한 AI(XAI: explainable AI)'에 대한 관심과 연구가 활발하다. AI가 어떻게 작동하는지 알 수 있다면 그 결과에 대해 신뢰할 수 있고, 오류나 문제가 발생했을때 원인을 찾고 해결하는 것이 용이해진다. 또한 AI로 인한 위험을 줄이고 책임을 분명히 하며 인간 사회의 윤리적 가치를 지키며 행동하도록 통제할 수 있을 것이다.

윤리적 문제

AI 시스템은 데이터 편향과 차별, 거짓 답변 등 다양한 기술적 결함을 안고 있으며, 의사 결정이 인간의 윤리적 기준에 반하는 경우도 발생한다.

데이터 편향과 차별

훈련된 데이터에 편향성이 있다면 부당하고 차별적인 결과물이 나올 수 있고, 이를 학습한 AI 시스템이 사회적 차별을 심화하는 부작용을 가져올 수 있다. 일례로 2014년부터 아마존은 AI 채용 시스템을 도입하려는 야심찬 프로젝트를 준비했으나, 남성 중심의 데이터셋으로 인해 여성에 대한 편견과 차별이 나타났고, 결국 프로젝트를 폐기했다. 2021년 한국에서 출시된 챗봇 '이루다'는 여성과 성소수자를 혐오하는 발언으로 서비스가 중단되기도 했다.

AI의 편향성 문제를 해결하기 위해 오픈AI는 챗GPT 모델을 지도 · 강화 학습해 주관적 판단이나 정치적 성향에 기반한 답변을 회피하도록 설계했다. 그럼에도, 기후 변화 대응, 성 정체성 등에서 진보 성향이 뚜렷한 답변을 내놓아 미국 내에서 정치적 편향성 논란이 끊임없이 제기되고 있다.

할루시네이션

할루시네이션(hallucination)은 AI 언어모델이 현실 세계를 잘못 이해하거나 사용자 조작에 의도적으로 맞추어 거짓 답변을 생성하는 환각 현상을 말한다. 챗GPT를 이용하다 보면, 사용자의 질문에 대해 역사적 사실을 왜곡하거나 실제로 존재하지 않는 사실을 창작해서 답을 제공하는 경우를 볼 수 있다.

오픈AI는 챗GPT가 실수를 할 수 있다고 안내한다. 구글의 제미나이도 사용자에게 응답을 재확인하라고 경고한다. 대부분 단순 오류에 그치지만, 경우에 따라서는 현실적 문제가 불거질 수 있다. 일례로, 미국 맨해튼 연방지방법원에서 변호사가 챗GPT로 찾은 판례를 제출했다가 가짜 사건으로 드러나 징계를 받았다. 뉴스 생성 알고리즘에서 실수가 발생하면 가짜 뉴스가 퍼질 수 있다. 또한 자율주행차 AI가 사람을 다른 사물로 인지하거나 사물을 사람으로 인식하는 경우 오작동으로 인한 교통사고로 이어질 수 있다.

트롤리 딜레마

통제 불능의 트롤리가 선로에서 작업하는 다섯 명을 향해 달려오고 있고, 당신은 트롤리의 경로를 한 명이 서 있는 다른 선로로 바꿀 수 있는 레버 앞에 있다. 아무 조치도 취하지 않으면 다섯 명이 다치고 다른 선로로 우회시키면 무고한 한 명이 희생을 당한다. 트롤리 문제는 도덕적 책임과 의사 결정의 자세를 질문한다.

트롤리 딜레마는 AI 시대에 중요한 윤리적 질문을 던진다. 일례로, 자율주행의 충돌 알고리즘은 사고를 피할 수 없는 경우 어떻게 대응할지 결정하게 된다. 이때 다수의 생명을 구하기 위해 소수를 희생시키는 것으로 결정해도 되는지, 운전자 생명이 보행자에 우선하는지 등 다양한 윤리적 딜레마에 놓이게 된다. 보다 근원적으로, 인간의 생명에 대한 중요한 판단을 AI에게 맡길 수 있는지도 의문이 제기된다.

사회적 우려

알고리즘 자체가 가진 기술적 · 윤리적 한계뿐만 아니라, 민감정보 · 저작권 침해, 악의적 사용 등 AI 시스템의 활용과 관련한 위험, 그리고 AI 혁신이 가져올 사회적 불평등, 인간의 일자리 대체 등에 대한 우려도 있다.

민감정보·저작권 침해

AI 시스템은 데이터 학습으로 성능이 향상되기 때문에 데이터를 많이 확보할수록 유리하다. 예를 들어 모바일 어플리케이션은 알고리즘을 사용해 휴대폰 데이터를 수집하고 분석한다. 이 과정에서 개인 민감정보나 저작물이 권리 주체의 의사에 반해 이용될 수 있다. 예를 들어

2023년 유명 작가 17명은 자신들의 저작물이 챗GPT에 불법 복제되었다면서 오픈AI를 상대로 저작권 침해를 주장하는 집단 소송을 제기했다.

악의적 사용

고도화된 AI 기술이 영상·음성 조작, 허위 정보 유포, 사이버 공격 등에 악용될 위험도 커졌다. 딥페이크 기술은 얼굴이나 목소리를 합성해 조작할 수 있게 한다. 이 기술이 허위 영상을 제작해 타인의 명예를 훼손하거나, 정치 캠페인에 영향을 주려는 목적으로 허위 정보를 유포하는 등 각종 범죄에 활용될 수 있다. 또한 AI 기술을 사용해 대규모 사이버 공격을 자동화하거나 악성 코드를 더욱 정교하게 만들 수 있다.

일자리 대체

생성형 AI 기술이 고도화되면서 일자리 걱정이 끊이지 않고 있다. AI가 일자리에 미칠 영향에 대해 장기적으로 경제 전반의 생산성을 높여 양질의 일자리를 늘릴 것이라는 낙관적 전망도 있지만, AI와 로봇을 활용한 노동 현장의 자동화로 인해 일자리가 줄어들 것이라는 비관적 전망이 우세하다.

세계경제포럼(WEF)은 2024년 연례 글로벌 위험 보고서에서 AI로 향후 5년간 8,300만개 일자리가 사라지고 6,700만 개 일자리가 생길 것으로 예상했다. 또한 AI 기술 발전이 근로자 44%의 업무에 파괴적 영향을 미쳐 5명 중 3명은 재교육을 받아야 할 것으로 보았다.

군사적 이용

AI는 첨단 무기 체계의 핵심 기술로 활용되고 있으며 그 잠재적 위협과 파괴력이 21세기 핵무기에 비유되기도 한다. 이제 AI는 국가 안보의 수단이자 위협이 되었으며 글로벌 지정학 경쟁이 벌어지는 주요 전장이다.

우크라이나 전쟁, 가자 전쟁

팔란티어는 우크라이나 전쟁에서 자사 통합 분석 플랫폼으로 드론, 위성 등에서 수집한 정보를 AI로 분석해 러시아군의 위치를 우크라이측에 실시간 제공하고 적은 병력으로 효율적인 공격을 전개하는 데 크게 기여했다. 이스라엘군은 가자 전쟁에서 적군과 민간인을 판별하는 '라벤더', 건물과 구조물을 식별하는 '웨어스 대디' 등을 활용해 적군을 정밀하게 찾아내 타격했다.

미-중 AI 무기 경쟁

미국과 중국 간의 AI 무기 경쟁이 치열하다. 중국은 2030년 AI 최강국을 목표로 모든 유형의 AI 기술을 고도화하고 이를 국방 혁신에 신속히 반영하겠다고 선언했다. 미국은 중국의 양적 우위에 대응해 수천 개의 자율무기 체계를 실전 배치하는 '리플리케이터 구상'을 공개했고, AI가 조종하는 무인 전투기의 전력화에 속도를 내고 있다.

치명적 자율무기

AI가 전투 현장에서 표적을 파악하는 데 그치지 않고 인간에게 치명적 공격을 가하는 결정을 스스로 내리는 시스템을 '치명적 자율무기 시스템(Lethal Autonomous Weapon Systems)'이라고 한다. AI가 미래 전쟁의 게임 체인저가 된 가운데, 전문가들은 살상용 로봇과 같은 치명적 자율무기 등장이 얼마 남지 않았음을 우려하고 있다. 이에 기술 개발을 우선시해 오던 미국이 2023년 AI의 군사적 이용에 관한 정치적 선언을 발표하고, 국제 규범을 만들기 위한 논의를 주도하기 시작했다. 유엔 총회에서도 치명적 자율무기가 가져올 도전과 우려에 시급히 대응해야 한다는 결의안을 통과시켰다.

국제적 노력

2023년 11월 영국 정부가 주최하고 빅테크, 정부 및 연구기관 대표가 참여한 AI 안전 정상회의가 개최되었고, 미국, EU, 중국을 포함한 28개국 정부는 AI 안전을 위해 협력한다는 '블레츨리 선언(Bletchley Declaration)'을 채택했다.

2024년 3월에는 유엔 총회에서 AI의 안전한 사용에 관한 국제적 합의를 시급히 마련해야 한다는 내용의 결의를 컨센서스로 채택했다. 유엔 차원에서 AI 안전에 대한 결의를 채택한 것은 인류 공동의 과제로 인식되었다는 점에서 의미가 크다.

참고문헌

김호철(2023). "인공지능 거버넌스와 통상규범의 과제". ≪국제경제법연구≫, 21권 3호, 105-133.

Chakravorti, B.(2024). AI's trust problem. Harvard Business Review. https://hbr.org/2024/05/ais-trust-problem

Flournoy, M.(2023). AI is already at war: How artificial intelligence will transform the military. *Foreign Affairs*, 102:6, 56-69.

World Economic Forum(2024), Global Risks Report 2024.

02
기술 개발 중단 논란

인간 지능을 넘어 통제 불가능한 초지능이 출현하는 기술적 특이점의 도래와 그로 인한 인류 실존의 위험을 두고 논란이 있다. 일부에서는 인류의 안전을 위해 AI 개발을 일시 중단할 것을 제안한다. 기술 혁신을 막을 수는 없겠지만, 인간 중심 AI 개발을 유도하는 것이 무엇보다 중요하다.

기술적 특이점

'기술적 특이점(technological singularity)'은 다양한 맥락에서 사용되며, 컴퓨터 공학에서는 AI 기술의 가속적 발전으로 초인공지능이 등장해 인류의 지능을 초월하게 되는 시점을 말한다. 이 시기가 되면 인류는 AI를 통제할 수 없고 SF 영화에서 보던 장면이 현실화될 것이다. 과연 특이점이 올 것인지, 그 시점은 언제가 될 것인지에 대해 의견이 분분하다.

범용 인공지능

AI 기술발전 단계는 좁은 인공지능(ANI), 범용 인공지능(AGI), 초인공지능(ASI)으로 구분된다. 범용 인공지능(AGI: artificial general intelligence)은 마크 구브루드 교수가 제시한 개념으로, 특정 문제뿐 아니라 주어진 모든 상황에서 인간과 동등한 또는 그 이상의 지능을 구현하는 것을 의미한다.

전문가들은 수년 내에 AGI 시대로 접어들 가능성이 높다고 본다. 지난 2월 오픈AI가 출시한 '소라(Sora)'는 텍스트를 기반으로 할리우드 수준의 고품질 영상을 제작하는 서비스를 제공한다. 소라가 사용자의 문장과 맥락을 이해하고 실제 세계의 물리적 법칙에 따라 영상을 구현한다는 점에서 현재 AI 성능은 이미 AGI에 근접해 있으며 AGI로 진화하는 과도기라고 할 수 있다. 샘 알트만 오픈AI CEO는 AGI가 4년 안에 완성될 것으로 예상했고, 젠슨 황 엔비디아 CEO는 5년 내에 인간 수준의 AI가 현실화될 것이라고 언급했다. 데미스 허사비스 딥마인드 창업자도 2030년에 가능할 것으로 보았다.

다만 인간과 동등한 수준의 AGI까지 도달하는 데에 시간이 걸릴 것이라는 반론도 있다. 인간처럼 사고하려면 인간의 감정 인식, 사회적 상호 작용, 추론 등 복잡한 인지 능력을 이해하고 학습시켜야 한다. 또한 거대 AI 모델을 한 단계 업그레이드하려면 엄청난 양의 데이터 확보와 AI 반도체의 성능 향상이 뒷받침되어야 하기 때문에 쉽지 않다.

특이점이 온다

레이먼드 커즈와일은 그의 저서 『특이점이 온다』와 올해 나온 후속작인 『특이점이 가까워졌다(The Singularity is nearer)』에서 2029년이면 인간 지능을 초월하는 초지능이 출현하며 2045년에는 인공 지능체가 모든 인간의 지능을 합친 것보다 더 강력해지는 특이점이 올 것으로 전망하였다. 초지능이 인간을 넘어서면 스스로 기술을 발전시키고, 지능이 단기간에 폭발적으로 수직 성장한다는 것이다.

이 시기가 되면 인간은 AI를 뇌와 연결한 접속 장치를 개발해 인지 능력을 크게 향상시키고 생물학적 한계를 넘을 수 있다. 하지만 AI가 인류의 지능으로 그 원리를 이해하거나 모방할 수 없는 기술적 복잡성을 지니게 되어 인간의 통제에서 벗어나 우리 사회를 파멸로 이끌 위험도 있다. 초지능이 인간을 넘어서게 되면 과연 인간이 필요하다고 생각할 것인지 의문이다.

개발 중단 제안

인간보다 똑똑한 AI를 만드는 것은 인간 사회에 실존적 위협이 될 수 있는 본질적으로 위험한 작업이다. 오픈AI 챗GPT가 성공적으로 출시되고 빅테크 기업들이 거대 AI 모델 개발 경쟁에 나서자, AI가 초래할 위험에 대한 사회적 관심이 커졌고, 과연 인류가 지금 상태로 AI 기술 개발을 계속해야 하는지 논란이 되었다.

FLI 공개 서한

2023년 5월 일론 머스크(Elon Musk), 스티브 워즈니악(Steve Wozniak), 유발 하라리(Yuval Harari), 스튜어트

러셀(Stuart Russell), 요슈아 벤지오(Yoshua Bengio) 등 세계 유명 인사와 AI 권위자들이 서명한 미국 비영리단체 '삶의 미래 연구소(FLI)'의 공동 서한이 발표되었다. 이 서한은 AI 시스템이 사회와 인류에 심각한 위험을 야기할 수 있어 신중하게 관리되어야 하지만, 불행하게도 AI 연구소들이 인간이 이해하거나 제어할 수 없는 가상의 마인드를 만들려는 무분별한 경쟁을 벌이고 있다고 진단했고, 생성형 AI에 대한 윤리 · 안전성 문제가 해결될 때까지 GPT-4보다 강한 AI 시스템 훈련을 최소 6개월간 중단할 것을 제안했다.

이에 대해, AI 윤리와 신뢰성, 안전성 문제는 일시 개발 중단만으로 해결할 수 없고, AI가 열어 갈 미래에 대해 지나친 공포심을 일으킨다는 반론도 적지 않다. AI는 기술적 수단에 불과하며, 윤리적 기준은 AI를 개발하고 활용하는 행위에 요구된다는 것이다.

찬반 의견 대립

AI 분야에서 4대 천왕으로 불리는 최고의 석학이 있다. 딥러닝 창시자인 제프리 힌턴 토론토대 명예교수, 합성곱 신경망(CNN)을 개발한 얀 르쿤(Yann LeCun) 메타 AI 수석과학자, 생성적 적대 신경망(GAN)을 개발한 요슈아 벤지오 몬트리올대 교수, 학문적 업적으로 유명한 앤드류 응(Andrew Ng) 스탠퍼드대 교수다. 이들은 AI 개발 중단 제안에 대해 두 진영으로 나뉘었다. 제프리 힌턴과 요슈아 벤지오는 AI의 위험성을 경고한 반면, 얀 르쿤과 앤드류 응은 과도한 우려라고 반박했다. 아래 세 가지 쟁점으로 정리해 볼 수 있다.

첫째, AI의 위험을 막기 위해 개발을 당장 중단해야 하는지다. 개발 중단 진영은 첨단 AI 시스템의 효과가 긍정적이고 위험을 관리할 수 있다는 확신이 있을 때만 개발해야 한다고 주장하는 반면, 지속 개발 진영은 AI 개발 중단이 오히려 통제 가능하고 안전한 AI를 개발할 시간을 빼앗는 결과가 될 것이라고 반박했다. 일시 중단하고 안전망을 찾기보다는 개발을 지속하면서 그에 맞는 규제 거버넌스를 수립하자는 것이다. 르쿤 교수와 응 교수는 당장 인간의 지능과 동등한 AI가 나오는 것이 아니라 30~50년은 더 진전을 이루어야 한다면서, 왜 지금 개발을 멈춰야 하는지 이해하기 어렵다고 했다.

둘째, 기술 자체를 막아야 하는지, 아니면 AI를 활용한 제품과 서비스를 규제해야 하는지의 문제다. 개발 중단 진영은 AI 개발의 속도가 너무 빨라 규제 시기를 놓치면 추후 되돌릴 수 없을 것이라는 입장이다. 반면 지속 개발 진영은 문제의 원인이 AI 기술 자체가 아니라 이를 개발하고 활용하는 방식에 있다고 하면서, AI 기술 개발은 계속 진행하되 시중에 공개되는 제품과 서비스를 규제하고, AI는 문제를 해결하는 수단으로 활용해야 한다고 강조한다.

셋째, 글로벌 경쟁 상황에서 AI 개발 중지가 실효성이 있을지의 문제다. 개발 중단 진영은 기술 주도권을 가진 미국이 글로벌 안전망 구축에 앞서 나서자는 것이다. 반면 지속 개발 진영은 미국의 개발 중단 조치는 다른 나라에 기회를 내줄 것이라고 반박한다. 에릭 슈미트(Eric Schmidt) 전 구글 CEO는 개발 중단이 중국에 이익이 될 것이며, 중국은 AI를 감시 체제에 활용하는 권위주의 가치를 반영해 나갈 것이라고 경고하였다. 샘 알트만 오픈AI CEO도 미 의회 청문회에서 AI 기술에 대한 글로벌 경쟁이 치열한 상황에서 과도한 규제는 중국에 뒤처지게 할 수 있다는 현실적 이유를 제기했다.

인간과 AI의 공존

AI가 인간을 이롭게 할 것인가, 아니면 결국에 인간을 배제할 것인가. 인간은 새로운 지능인 AI와 공존하는 길을 찾아야 한다. 이를 위해 인류 전체가 공동 목표를 세우고 함께 보조를 맞춰 가야 한다. 우리는 그 공존의 길을 '인간 중심의 AI'에서 찾고자 한다. AI가 인간에게 이익이 되고 인간과 협력하도록 길들이자는 것이다. 이것이 AI 거버넌스의 근원적 토대다.

아시모프 3원칙

새로운 기술이 등장할 때 인간을 중시하는 관점은 오래전부터 있어 왔다. 1942년 아이작 아시모프(Isaac Asimov)의 소설 『런어라운드(Runaround)』에는 로봇 3원칙이 나온다. 첫째, 로봇은 인간에게 해를 끼치거나, 어떤 행동도 하지 않아 인간에게 해가 가해지도록 하면 안 된다. 둘째, 로봇은 1원칙에 위배되지 않는 한 인간의 명령에 복종해야 한다. 셋째, 로봇은 1원칙과 2원칙에 위배되지 않는 한 자신을 보호해야 한다. 비록 소설의 일부이고 구체성도 부족하지만, AI와의 공존에 대한 기본적 시각을 잘 보여 주고 있다(고인석, 2012).

인간 중심 AI

'인간 중심 AI(HAI: human-centered AI)'는 AI 개발에서 인간의 요구, 경험과 편의를 우선하는 접근이다. AI 시스템이 이해할 수 있고, 윤리적이며, 인간의 역량을 확장하도록 설계되어야 함을 강조한다. AI의 기술적 진보가 인간의 존엄성과 공동체 가치를 존중하는 방식으로 이루어져야 한다는 점에서 '인간 중심 AI' 논의가 더욱 중요해진다.

비즈니스 현장에서도 인간 중심 AI가 새로운 트렌드로 주목된다. 기존 AI 모델은 인간의 인지 능력을 모방하고 대체하는 데 초점을 두었지만, 인간 중심 AI는 최종 사용자인 인간과 협력해 주어진 과제를 수행하고 인간에게 새로운 경험을 제공하는 방향으로 개발하는 것이다. 일례로 제조 작업 현장에서 과거에는 둔탁하고 위험한 산업용 로봇이 펜스 안에서 자동화 공정을 수행했지만, 지금은 인간 친화적인 협동로봇(co-bot)이 노동자 옆에서 함께 작업하면서 맞춤형 유연 생산을 고도화하는 방향으로 활용되고 있다.

사상과 질서의 재정립

인류는 기술 발전에 맞추어 사상과 삶의 질서를 새롭게 정립하면서 역사를 발전시켜 왔다. 인류의 역사를 돌아보면, 도구의 변화는 필연적으로 사회 변화를 가져왔고, 이를 슬기롭게 수용하지 못해 피를 통한 혁명으로 이어지기도 했지만, 인간 존중의 사상으로 변화를 주도하면서 평화롭게 새로운 질서를 정착시킬 수 있었다. AI가 일으킨 거센 변화의 물결 앞에 서 있는 지금이야말로 인류의 보편적 가치를 깊이 성찰하고 사상과 삶의 질서를 재정립해야 할 시점이라고 본다(이광형, 2022).

참고문헌

고인석(2012). “아시모프의 로봇 3원칙 다시 보기: 윤리적인 로봇 만들기”. ≪철학연구≫, 제93집.

이광형(2022.8.15). 휴머니즘 기반해 인간·AI 공존하는 질서 만들어야. ≪중앙일보≫ 오피니언: 이광형의 퍼스펙티브.

Bengio, Y.(2024). Government Interventions to Avert Future Catastrophic AI risks. *Harvard Data Science Review*, Special Issue 5: Grappling With the Generative AI Revolution.

Hendrycks, D., et al.(2023). An Overview of Catastrophic AI Risks. arXiv:2306.12001.

Jones, C.(2024). The A.I. Dilemma: Growth versus Existential Risk, *Stanford GSB and NBER*.

Kurzweil, R.(2024). *The Singularity Is Nearer: When We Merge With AI.* Viking.

Shneiderman, B.(2022). *Human-Centered AI.* Oxford University Press.

03
글로벌 지정학

AI는 미래의 핵심 기술이며 이를 주도하는 국가가 글로벌 패권국이 될 것이다. 미국과 중국이 AI 주도권을 놓고 경쟁하는 가운데, EU는 디지털 단일시장을 통한 전략적 자율성 확보를 추구한다. 이러한 지정학 경쟁은 각국 거버넌스의 파편화로 이어지고 있다.

AI와 지정학

각국은 미-중 전략 경쟁의 글로벌 지정학에서 AI에 대한 각자의 이해와 관심을 담은 전략 방향을 설정하고 이에 맞추어 규제 거버넌스를 갖추어 가고 있다. 특히 미국의 시장 주도 방식, 중국의 국가 통제 방식, EU의 권리 중심 방식이 서로 경쟁하는 양상이다.

기술 주도권 경쟁

미국은 중국을 중장기적인 패권 도전국으로 인식하고 전략 경쟁을 벌이고 있다. 아직 물리적 충돌을 벌이는 패권 경쟁의 단계는 아니며, 경제적, 정치적, 군사적 영향력을 통해 도전국의 현상 변경 시도를 원천 차단하는 전략 경쟁의 양상이다. AI 기술은 미래의 경제 패권을 결정할 핵심 기술이고 첨단 무기 체계의 성능을 좌우한다는 점에서 전략 경쟁의 한복판에 있다.

각국은 AI 기술의 주도권을 확보하기 위해 다양한 조치를 동원하고 있으며, 민주적 진영과 권위적 진영 간의 공급망 분리(decoupling)가 현실화되고 있다. 이러한 맥락에서, 각국은 AI 거버넌스에서도 자국의 경제적, 정치적, 군사적 영향력 확대를 추구하게 되며, 파편화된 규제가 확산되고 있다.

미국: 시장 주도 자율과 개방

미국은 글로벌 AI 선도국으로서 시장 주도의 민간 자율 규제와 개방된 경쟁 환경 조성을 선호해 왔다. 하지만 중국의 AI 기술이 급속한 양적 성장을 보이며 미국의 리더십을 위협하게 되자, 자유와 민주적 가치를 내세운 국가 안보 전략이 거버넌스에 녹아들고 있다.

AI 전략 방향

미국 정부는 2016년 국가과학기술위원회에서 '인공지능 미래에의 준비' 보고서를 발표했고, 2019년 미국 AI 리더십 유지 행정명령(E.O. 13859), 2021년 국가 인공지능 이니셔티브법(NAIIA)을 통해 정책의 틀과 추진 체계를 정비했다.

미국의 AI 전략 방향은 2021년 3월 AI국가안보위원회(NSCAI) 보고서에서 잘 드러난다. 에릭 슈미트를 위원장으로 산학연 전문가들이 2년에 걸쳐 작업했다. AI 하드웨어인 반도체칩의 제조 역량을 확충하고, 중국의 기술 탈취에 대비한 보호 조치를 강화하며, 반도체칩 및 제조 장비 수출 통제를 확대하고, 우호국들과 표준 개발, 공동 연구 등 협력을 확대할 것을 제시했다.

윤리 및 규제 거버넌스

미국의 윤리 및 규제 거버넌스는 정부 기관별로 사안의 특성에 따라 접근하고 있다. 2020년 연방 정부의 신뢰할 수 있는 AI 사용 촉진을 위한 행정명령(E.O. 13960)을 통해 정부 내 AI 활용에서 준수해야 할 원칙들을 제시했다. 또한 2020년 4월 공정거래위(FTC)의 AI 사용 가이드라인(투명성, 설명 가능성, 공정성, 견고성, 실증적 타당성, 책임성), 2021년 6월 회계감사원(GAO)의 AI 책임성 프레임워크 등 정부 기관별 지침이 발표되었으며, 2021년 7월 상무부 산하 표준기술연구소(NIST)는 AI 위험 관리 체계(RMF) 수립을 개시했다. 2022년 10월에는 AI 시스템의 설계, 사용 및 배치와 관련한 다섯 가지 원칙을 담은 AI 권리장전(Bill of Rights) 청사진을 제시했고, 2023년 1월에는 RMF 1.0을 최종 발표했다.

챗GPT 출시를 계기로 AI 개발에 대한 사회적 우려가 고조되고 미국 내 거버넌스 강화를 요구하는 목소리가 커지자, 바이든 정부도 AI 규제에 보다 적극적으로 나서고 있다. 2023년 7월 빅테크 7개사 CEO를 불러 8개 사항의 자발적 약속에 합의토록 했다. AI 기업은 관련 제품과 서비스 출시 전에 대내외적 보안 테스트를 실시하고, 생성형 AI가 산출하는 결과물에 대해서는 콘텐츠 식별용

워터마크 표기를 붙이도록 했다.

또한, 2023년 10월에는 AI를 규제하는 내용의 'AI의 안전하고 신뢰할 수 있는 개발과 사용에 대한 행정명령(E.O. 14110)'을 발표했다. AI 시스템 개발자에게 제품 출시 전에 레드팀 안전 시험 결과와 여타 중요 정보를 연방정부에 제출토록 했고, 상무부에 AI 생성 콘텐츠에 표식을 부착하는 지침을 개발하도록 지시했으며, 국가안보실에는 AI와 안보에 관한 추가적 조치를 검토할 것을 지시했다.

중국: 국가 주도 육성과 통제

중국은 국가 차원에서 AI 산업을 전략적으로 육성하며 미국과 선두 경쟁을 벌이는 한편, AI 알고리즘과 시스템이 사회적 불안을 조장하고 국가 안보를 저해하지 않도록 엄격한 규제를 도입하고 있다. 또한 글로벌 AI 거버넌스 수립에도 목소리를 내고 있다.

AI 전략 방향

중국의 AI 전략은 기술 자립을 통한 글로벌 AI 선도국 도약이다. 2017년 AI를 국가전략산업으로 지정하고 차세대 인공지능 발전 규획을 발표해 2030년 AI 최강국 도약을 목표로 3단계 로드맵을 설정했다. 2020년까지 선진국 수준의 AI를 개발하고, 2025년까지 AI 기초 이론 체계를 수립하며, 2030년에는 세계 최고 수준의 AI 체계를 완성한다는 것이다. 또한 바이두 자동차, 알리바바 스마트도시, 텐센트 의료 등 정부가 주도해 산업별 특화 플랫폼 기업을 지정하고 각종 지원을 제공했다. 2021년 제14차 5개년 규획에서 AI 분야를 7개 첨단기술의 첫째로 지목했으며, 2022년에는 과학기술부, 공업신식화부 등 6개 부처가 공동으로 AI 응용 확대를 통한 혁신 가속화 정책을 발표하고 민관학 협력 생태계를 구축하는 중이다.

이러한 노력의 결과, 중국은 바이두, 텐센트, 바이트댄스 등 세계적 기업을 탄생시켰으며, 음성 인식과 이미지 식별에 기술적 우위를 보이며 로봇, 자율주행, 웨어러블 등에서 세계 시장을 주도하고 있다. 그 성공의 이면에는 거대 내수시장의 빅데이터 확보가 있다. 인터넷 도입 초기부터 방화장벽(Great Firewall)을 설치해 데이터에 대한 강력한 통제와 검열을 시행해 왔고, 2017년 네트워크 안전법, 2020년 개인정보보호법, 2021년 데이터 안전법 등을 통해 중국 내 개인 정보와 중요 데이터가 외부로 유출되지 않도록 하고 있다. 이로 인해 구글, 아마존, 페이스북 등이 중국 시장에 진출했다가 결국 실패했고, 중국 토종 기업이 14억 인구의 거대 시장을 차지하고 탄탄한 빅데이터를 기반으로 세계 시장에 진출하게 되었다.

윤리 및 규제 거버넌스

중국의 AI 거버넌스는 세계 최고 수준의 AI 강국 도약을 위한 국가 전략의 맥락에서 이해해야 한다. 중국 정부는 2021년 차세대 인공지능 윤리규범을 제정해, 인간 복지 증진, 공평 · 공정성 촉진, 프라이버시 · 안전성 보호, 통제 · 신뢰성 확보, 책임성 강화, 윤리적 소양 향상 등의 6가지 원칙과 18건의 세부 규칙을 제시했다. 이러한 윤리규범이 중국의 권위적 통치 현실과는 다소 괴리가 있어 보이지만, 국제적인 윤리 원칙을 규범으로 수용한 것은 AI 거버넌스 논의가 반중국 연대로 흐르지 않도록 선제 대응하는 측면도 있다고 생각된다.

생성형 AI에 대한 규제도 강화하고 있다. 2022년 3월 인터넷 정보서비스 알고리즘 추천 관리 규정을 시행해, 서비스 제공자가 알고리즘을 이용한 불량한 정보의 확산을 방지하도록 의무화하고, 알고리즘에 대한 등록 시스템을 도입했다. 텐센트, 바이두, 타오바오, 더우인, 메이퇀 등 플랫폼 기업들은 중앙네트워크안전정보화위원회(CAC)에 알고리즘을 등록했다. 2023년 1월에는 인터넷 정보서비스 딥페이크 관리 규정을 시행해, 딥페이크 기술을 이용한 국가안보 위협을 차단하고 이러한 기술이 적용된 콘텐츠에 사실 적시와 원본 추적 디지털 표식을 삽입하도록 했다. 7월에는 생성형 AI 서비스 관리 임시방법을 발표해, 당국에 서비스를 등록하고 출시 전 보안 평가를 받도록 했다.

한편, 2024년 7월 세계 인공지능 대회(WAIC)와 글로벌 고위급 AI 거버넌스 회의를 개최하고 상하이 선언을 발표했다. 선언문은 AI의 안전성, 신뢰성, 공정성 확보가 중요하다고 밝히고 국제적인 윤리 지침과 규범 제정을 촉구했다. 유엔이 중심이 되는 글로벌 AI 거버넌스 체제를 지지했다.

EU: 권리 중심 통합적 규제

EU는 역내 디지털 단일시장을 토대로 경쟁력과 전략적 자율성을 확보하고, AI 분야에 민주주의와 기본적 인권, 법의 지배를 접목해 인간 중심의 신뢰할 수 있는 AI를 실현하는 것을 목표로 한다. 이러한 맥락에서 AI 전략과 포괄적인 AI 규제 도입을 추진해 왔다.

AI 전략 방향

EU는 2018년 유럽 AI 전략과 2020년 AI 백서를 통해 유럽이 AI 글로벌 허브가 되도록 경쟁력을 배양함과 동시에 인간 중심의 신뢰할 수 있는 AI를 확보한다는 전략 방향을 제시했다. 경쟁력과 신뢰를 동시에 추구한다. 우선 경쟁력(excellence)과 관련하여, 회원국별 AI 정책을 주기적으로 점검하고 조율하는 협력 채널을 운영하고, 공동체 차원에서 대규모 양질의 데이터 확보, 컴퓨팅 인프라 확충 등을 지원하고 있다. 다음으로 신뢰(trust)와 관련하여, 신뢰할 수 있는 AI를 기치로 윤리 지침의 규범화와 국제적 논의를 선도하고 있다.

윤리 및 규제 거버넌스

EU는 2019년 4월 신뢰할 수 있는 AI 윤리 지침, 2020년 7월 자체 점검 목록 등을 발표해 왔으며, AI 시스템에 대한 포괄적 사전 규제를 담은 '인공지능법(AI Act)'이 2024년 11월 발효될 예정이다. AI 시스템을 위험도에 따라 수용 불가 위험, 고위험, 제한된 위험, 최소화된 위험 등 네 가지 유형으로 분류해 각기 다른 수준의 규제적 조치를 적용하는 방식이다.

지난 2018년에 EU가 기업의 개인정보 보호 책임을 강화하는 규제법안으로 일반개인정보보호법(GDPR)을 역외 적용해 각국의 규제와 글로벌 규범 형성에 많은 영향을 주었다. 금번 인공지능법에서도 GDPR의 접근 방식을 차용해 역외 적용(제2조), 글로벌 매출 기준 법칙금(제71조) 등을 두었으며 이는 글로벌 비즈니스에 파장을 가져올 것이다.

참고문헌

김호철(2023). "인공지능 거버넌스와 통상규범의 과제". ≪국제경제법연구≫, 21권 3호, 105-133.

Bremmer, I. & Suleyman, M.(2023). The AI Power Paradox: Can States Learn to Govern Artificial Intelligence-Before It's Too Late?. *Foreign Affairs*, 102: 5, 26-43.

Larsen, C.(2022). The geopolitics of AI and the rise of digital sovereignty. Brookings. https://www.brookings.edu

04
몇 가지 핵심 원칙

국제사회는 AI가 인류에게 혜택이 되도록 하는 지침을 논의해 왔다. 그 결과, 경제협력개발기구(OECD)는 2019년 '인간 중심의 AI 권고안'을 채택했다. 인권과 민주적 가치를 반영하는 '신뢰할 수 있는 AI' 구현을 목적으로, 5대 핵심 원칙과 다섯 가지 정책 권고가 포함되었다. 이는 최초로 국가 간 합의된 원칙이며, 각국의 AI 거버넌스에 기초가 되어 왔다.

신뢰할 수 있는 AI

신뢰할 수 있는 AI(trustworthy AI)는 개인이나 사회가 AI 시스템을 개발, 배치 및 사용하기 위한 전제 조건이라고 말할 수 있다. 당신은 AI를 믿을 수 있는가? 은행이 AI로 평가한 신용 등급을 수긍할 수 있는가? 자율주행 버스에 운전자가 없더라도 승차할 수 있는가? AI 시스템을 믿을 수 없다면 원하지 않는 결과가 따르고 기술이 가져오는 잠재적 혜택도 현실화될 수 없다.

EU 고위 전문가 그룹

EU 집행위는 2018년 유럽 AI 전략을 발표한 이후 신뢰성에 관심을 가지고, 각계 52명의 전문가로 구성된 고위 전문가 그룹을 구성해 검토를 진행했다. 2019년 동 그룹 보고서는 '신뢰할 수 있는 AI'가 되려면 시스템의 생애주기에 걸쳐 적용 가능 법 규범을 준수하고, 윤리적 원칙과 가치를 고수하며, 기술적 · 사회적 관점에서 피해를 주지 않도록 강건해야 한다고 요구했다. 또한 윤리 원칙으로, 인간의 자율성을 존중하고, 유해한 동작을 하지 않으며, 공정성 원칙을 지키고, 설명 가능한 방식으로 작동할 것을 제시했다(European Commission, 2019).

OECD AI 전문가 그룹

경제협력개발기구(OECD)는 AI 원칙에 대한 국제적 지침이 필요함을 인식하고, 2016년부터 디지털경제정책위원회(CDEP)를 통해 AI 사례 연구와 정책 토론에 착수했다. 2018년 사무국이 AI 보고서(AI in Society)를 발표했고, 회원국들은 AI 관련 권고안 작성을 위한 전문가 그룹을 설치했다.

OECD AI 전문가 그룹(AIGO: AI expert group at the OECD)은 각계 50여 명의 전문가로 구성되었으며, 4차례 회의를 거쳐 기존 AI 원칙, 기술 발전 전망, 경제 · 사회적 영향, 정책 고려 사항 등을 검토했다. 특히 AI에 대한 신뢰와 수용을 촉진하기 위한 우선적 원칙을 모색했다.

AI에 관한 권고

AIGO는 2019년 3월 AI에 관한 이사회 권고안 초안을 CDEP AI 특별회의에 상정했으며, 일부 자구 수정을 거쳐 2019년 5월 OECD 각료이사회에서 AI에 관한 권고가 최종 채택되었다. 이 권고는 AI에 관한 최초의 정부 간 합의된 표준 협약이며, △ 전문, △ AI 관련 용어 정의, △ 신뢰할 수 있는 AI의 책임 있는 운영을 위한 기본 원칙, △ 각국 정책 및 국제 협력을 위한 다섯 가지 정책 권고로 구성된다.

AI 권고에 대한 한 차례 개정이 있었다. 생성형 AI의 등장으로 인해 AI 시스템의 정의를 일부 수정할 필요가 생겨 OECD 이사회에서 2023년 11월 개정 사항을 합의했으며, 권고 이행에 대한 5년 주기 재검토 결과에 따른 수정 사항을 추가로 포함해 2024년 5월 각료이사회에서 개정 권고안을 승인했다.

5대 핵심 원칙

OECD AI 권고는 신뢰할 수 있는 AI의 책임 있는 운영을 위한 기본 원칙으로 아래 다섯 가지 사항을 제시했다. 여기에서 'AI 시스템'은 투입된 정보로부터 예측, 콘텐츠, 권고 또는 결정 등의 결과물을 어떻게 생성할지 추론해 물리적 또는 가상의 환경에 영향을 주는 기계 기반 시스템을 의미한다. 'AI 행위자'는 AI를 배치 또는 운영하는 기관이나 개인을 포함해 AI 시스템의 생애 주기에 걸쳐 적극적 역할을 하는 주체를 의미한다. '이해관계자'는 AI 행위자를 포함해 AI 시스템에 관여하거나 영향을 받는 모든 기관과 개인을 망라한다.

포용적 성장, 지속 가능 발전 및 웰빙

첫째는 '포용적 성장, 지속 가능 발전 및 웰빙(inclusive growth, sustainable development and well-being)'이다. 이해관계자들이 인적 역량 증강과 창의력 확장, 소외 계층의 포용 개선, 경제적 · 사회적 · 성적 불평등 해소, 자연환경 보호 등 인류와 지구에 도움이 되는 결과를 추구하도록 신뢰할 수 있는 AI의 책임 있는 운영에 능동적으로 관여할 것을 요구한다.

AI는 유엔 지속 가능 개발 목표(SDG)를 진전시킬 수 있는 상당한 잠재력을 가지고 있으며, 세계은행, 유엔 산하 기구, OECD 등 각종 기관에서 AI 활용 방안을 모색하고 있다. AI가 불평등을 심화하고 선진국과 개도국 간 격차를 늘릴 것이라는 우려가 크기 때문에, AI 개발이 공평하고 포용적으로 이루어지게 하는 것은 무엇보다 우선순위에 있다.

인간 중심 가치 및 공정성

둘째는 '인간 중심 가치 및 공정성(human-centered values and fairness)'이다. AI 행위자는 AI 시스템의 생애 주기에 걸쳐 법의 지배, 인권, 민주적 및 인간 중심 가치를 존중해야 한다. 이러한 가치로는 비차별과 형평,

자유, 존엄, 개인의 자율성, 프라이버시와 데이터 보호, 다양성, 공정성, 사회 정의, 노동권이 포함된다. AI 행위자는 이에 부합하는 체계와 보호 장치를 이행해야 하며, 의도된 목적 이외 사용, 의도적 오용, 또는 의도하지 않은 오용에 따른 위험을 대처하는 것도 포함한다.

AI는 인권을 개선할 수도 있고 인권에 새로운 위협이 될 수도 있다. 일례로 AI가 식량 부족의 패턴을 분석해 기아 해소에 기여할 수도 있지만, 반정부 시위에 참여하는 개인을 색출하는 데 악용될 수도 있다. 국제적으로 발전해 온 인권법과 각종 제도가 인간 중심 AI를 보장하는 데 유용한 지침이 되며, 기업이나 정부 차원에서 윤리 준칙을 채택해 이를 보완할 수 있다. 일례로 구글 딥마인드는 조직 내부에 윤리감시팀을 창설하고 윤리 원칙도 발표했다.

투명성 및 설명 가능성

셋째는 '투명성 및 설명 가능성(transparency and explainability)'이다. AI 행위자가 AI 시스템에 관해 투명성과 책임 있는 공개를 약속해야 한다. 이를 위해, AI 행위자는 AI 시스템의 역량과 한계를 포함한 일반적 이해, AI 시스템과의 상호작용에 대한 이해관계자의 인지, 예측 · 콘텐츠 · 권고 · 결정을 도출하는 데이터 근거, 요소, 처리 절차와 논리에 대한 알기 쉬운 설명, AI 시스템에 의해 부정적 영향을 받는 이들이 그 결과물에 이의를 제기할 수 있는 절차 등에 대한 충분한 정보를 제공해야 한다.

투명성은 그 맥락에 따라 다소 차이가 있다. 정책적 측면에서 투명성은 주로 의사 결정이 어떻게 이루어지는지, 누가 그 과정에 참여하는지, 어떤 요소를 사용하는지 등 내부를 공개하는 것이다. 반면 기술적 측면에서는 AI 시스템이 어떻게 개발되고 훈련되며 배치되는지를 일반인이 이해하도록 하는 것을 의미하며, 영업 비밀에 속하는 특정 소스코드나 데이터셋의 공개를 요구하지는 않는다. 어느 수준의 투명성을 요구할지 많은 논란이 있지만, AI 시스템의 투명성 원칙은 설명 가능성에 초점을 두어 그 결정과 행위에 대해 알아듣기 쉽게 설명할 것을 요구한다.

견고성, 보안 및 안전성

넷째는 '견고성, 보안 및 안전성(robustness, security and safety)'이다. AI 시스템은 전 생애 주기에 걸쳐 견고하고 안전하여, 정상적 사용, 예상되는 사용이나 오용 또는 여타 부정적 조건에서도 적절하게 기능하고 불합리한 안전과 보안 위험을 야기하지 않아야 한다. 만약 AI 시스템이 부당한 위해를 야기할 위험이 발생하거나 부적절한 행동을 보이면, 정지, 수리 또는 안전하게 해체될 수 있는 장치를 갖추어야 한다. 또한 기술적으로 가능한 범위에서, 표현의 자유를 보장하면서도 정보의 진실성이 강화되도록 하는 장치를 갖추어야 한다.

견고함은 어떠한 악조건도 견뎌 내는 능력이고, 안전성은 불합리한 위험을 야기하지 않는 것이다. 상기 원칙은 '추적 가능성'과 '위험 관리 접근'이라는 두 가지 요소를 강조한다. 이때 보호 수준의 경우, 잠재적 피해와 투명성 · 책임성 비용을 비교 분석해 균형을 맞추어 결정되어야 할 것이다. 또한 안전성과 관련하여, AI를 탑재한 제품이 확산되고 있어 제품 안전성 규제에 도전 요인이 되고 있다.

책임성

다섯째는 '책임성(accountability)'이다. AI 행위자는 그들의 역할, 맥락, 최고의 기술력에 기초해 AI 시스템의 적절한 기능 수행과 상기 원칙들의 존중에 대해 책임을 가져야 한다. 이를 위해, AI 행위자는 시스템의 생애 주기 동안 생성되는 데이터셋, 처리 절차, 의사 결정과 관련한 추적 가능성을 보장해, AI 시스템의 결과물과 질의 답변의 분석이 가능하도록 해야 한다. 또한 각자의 역할, 맥락과 능력에 기초해, AI 시스템의 생애 주기 단계별로 체계적 위험 관리 접근을 적용하고 AI 시스템과 관련한 책임 있는 기업 관행을 채택해야 한다. 위험에는 해로운 편향과 관련된 사항, 안전 · 보안 · 프라이버시를 포함한 인권, 노동권과 지식재산권이 포함된다.

정책 권고 사항

신뢰할 수 있는 AI를 위한 각국 정책과 국제 협력 사항으로는 다섯 가지를 제시했다. 첫째, AI 연구 개발에 대한 투자다. 정부가 신뢰할 수 있는 AI의 혁신 촉진을 위한 연구 개발 및 학제 간 협업에 대한 장기 공공 투자를 권고했다. 둘째, 신뢰할 수 있는 AI를 위한 포용적이고, 능동적이며, 지속 가능하고, 상호 운용되는 디지털 생태계의 개발을 강화할 것을 권고했다. 셋째, AI가 연구 개발 단계에서 배치 · 운영 단계로 전환되도록 지원하는 민첩한 정책 및 규제적 환경을 조성할 것을 권고했다. 넷째, 정부가 일자리와 사회 전환에 대비해 이해관계자들과 긴밀히 협력하고, 사회적 대화 등을 통해 AI 배치로 인한 노동자의 공정한 전환이 보장되도록 나설 것을 요청했다. 다섯째, 정부와 이해관계자가 상기 원칙과 신뢰할 수 있는 AI의 책임 있는 운영 관리를 진전시키는데 적극 협력해 나갈 것을 주문했다.

참고문헌

김병우(2019). "OECD AI원칙 수립 및 향후 계획(상)". ≪동향≫, 31권 9호. 정보통신정책연구원(KISDI).

European Commission(2019). *Ethics Guideline for Trustworthy AI: High-Level Expert Group on Artificial Intelligence.* published on 8 April 2019.

OECD(2019). *Recommendation of the Council on Artificial Intelligence.* C/MIN(2019)3/FINAL.

OECD(2020). *Artificial Intelligence in Society.* OECD Publishing.

OECD(2024). *Recommendation of the Council on Artificial Intelligence.* OECD/LEGAL/0449.

05
AI 윤리 규범

AI 거버넌스의 핵심 분야 중 하나가 윤리 규범이다. 민간 차원의 AI 윤리 자율지침에서 시작하여, 각국 정부의 AI 권리장전으로 발전했으며, G7 히로시마 AI 프로세스, UN 인권이사회 권고 등을 통해 국제적 규범화 논의가 이루어지고 있다.

AI와 윤리

AI 윤리는 기본적으로 AI 관련 사안에 대한 윤리적 검토다. 일례로 기말시험에 챗GPT로 답안을 작성한 학생에게 어떤 점수를 줄지, 자율주행차의 충돌사고 상황에서 누구의 생명을 우선할지 등은 윤리 문제다. 그 범위와 내용에 대해서는 다양한 의견이 있다.

개념적 범위

'윤리'는 옳고 그름의 문제이며, 사람으로서 마땅히 행하거나 지켜야 할 도리를 의미한다. 사람이 아닌 AI라는 기술적 도구에 윤리를 접목하는 것이 다소 어색할 수도 있다. 하지만 영어의 'ethics'는 개인의 인격(ethos)뿐 아니라 집단의 도덕적 원칙(moral principles)을 포괄하는 개념이며, AI 윤리 논의가 영어의 ethics를 배경으로 하므로 넓게 접근해야 한다.

이러한 관점에서 보면, AI 윤리는 AI와 관련된 다양한 개인적, 사회적, 법적, 제도적 쟁점에 대해 단순한 옳고 그름의 판단을 하기보다는, 우리 사회에서 핵심적으로 존중되는 가치에는 어떤 것이 있으며 AI의 개발과 활용에서 그러한 가치들을 최대한 존중하면서 사회적으로 수용 가능한 방식으로 절충하기 위해 어떤 점을 주의하고 어떠한 제도적 장치를 마련해야 하는지를 통합적으로 탐색하는 작업으로 이해된다(이중원 외, 2019).

AI 윤리의 내용

출발점은 '인간 중심(human-centered)'이다. AI를 인간이 활용하는 기술적 도구로 인식하며, AI에 기반한 결정에 대해 도구인 AI에게 책임을 물을 수 없고 인간이 책임져야 한다고 생각한다. 또한 AI의 활용이 인류에 혜택이 되어야 함을 강조한다.

이러한 인간 중심 접근은 몇 가지 윤리 원칙으로 구체화된다. 전 세계에는 개별 기관과 기업에서 발표한 수백 개의 AI 윤리 선언이 있다. 그렇지만 공통되는 요소들을 발견할 수 있다. 하버드 버크만 센터는 프라이버시, 책임성, 안전과 보안, 투명성과 설명 가능성, 공정성과 차별 금지, 인간의 기술 통제, 직업적 책임, 인간 가치 증진 등 여덟 가지 주제로 정리했다(Fjeld et al., 2020).

이러한 윤리 원칙을 구체적 현실에서 어떻게 이행할 것인지, 어떤 수준으로 윤리 원칙을 제시할 것인지 등에 대해서는 이해관계와 상황에 따라 다른 입장을 보이게 된다. 일례로 AI 활용에서 인간 중심을 실현하는 방식으로, 인간이 의사 결정 과정에 반드시 참여하는 형태

(human in the loop)와 인간이 관리 체계에서 중요한 역할을 하고 문제 발생 시 중지시킬 권한을 갖는 형태(human on the loop)가 있다. 자율주행차처럼 실시간 자동화 의사 결정이 본질인 경우에 human on the loop도 가능하겠지만, 정치적 과정을 수반하는 정책 결정에서는 human in the loop가 필요할 것이다.

민간의 윤리 원칙

AI 개발 초기부터 윤리적 활용에 대한 고민은 항상 있어 왔지만 아직 기술이 성숙되지 않은 단계였다. 2010년대 들어 딥러닝이 급속한 기술 진전을 이끌면서 AI 윤리 문제에 사회적 관심이 커졌고, AI 관련 기관과 민간 사업자에 의해 다양한 윤리 원칙이 제정되었다.

민간 단체의 윤리 원칙

글로벌 전기전자공학자단체인 전기전자협회(IEEE)는 2016년 AI와 관련해 윤리에 일치하는 설계(Ethically Aligned Design) 개념을 제시했고, 그와 관련된 국제 표준 마련에 노력하고 있다.

미국 비영리단체인 삶의 미래 연구소(FLI)는 2017년 '아실로마 AI 원칙(Asiloma AI Principles)'을 수립했다.

연구 개발 이슈, 윤리와 가치, 장기적 이슈 등 세 영역에 걸쳐 23개 사항을 정리했다.

기업의 자발적 윤리 지침

기업들은 AI 시스템을 개발하고 데이터를 활용하는 과정에서 편향과 차별, 데이터 보호, 투명성과 설명 가능성 등의 다양한 윤리 문제에 직면할 수 있다. 이에 구글, 아마존, 페이스북, 마이크로소프트, IBM 등은 2016년부터 공동으로 윤리 지침을 논의하고 자율적 윤리 원칙을 발표했다. 일례로 구글은 2018년 AI 원칙을 통해 사회적 이익 증진, 안전성과 신뢰성, 인간 협력과 존중, 기술적 견고성을 강조했고, 이를 평가하고 개선하기 위해 오픈소스 도구를 개발했다.

그러나 민간이 주도한 AI 윤리 지침은 법적 강제력이 없고 그 내용이 모호해 실천 가능성이 의문시되는 한계를 드러내고 있다. 일각에서는 기업의 이익에 반할 수 있는 법적 규제와 정책 수립을 효과적으로 지연시키면서 기업의 관행을 정당화하려는 의도라는 비판적 시각을 보이기도 한다. 실제로, 생성형 AI 출시 경쟁이 본격화하자 빅테크 기업은 AI 윤리 조직 규모를 축소하거나 해체하는 행태를 보이고 있다.

각국의 윤리 규범

각국 정부 차원에서도 AI를 개발하거나 활용할 때 준수해야 하는 전제나 윤리 원칙을 담은 선언적 지침을 도입하고 이를 규범으로 발전시키고 있다.

EU의 AI 윤리 가이드라인

EU는 2018년 고위급 전문가그룹(HLEG)을 출범해 AI 윤리 지침을 작업했고 2019년 4월 '신뢰할 수 있는 인공지능 윤리 가이드라인(Ethics guidelines for trustworthy AI)'를 발표했다. 이 지침은 자율성, 침해 방지, 공정성 및 설명 가능성을 핵심 원칙으로 하고, AI 개발 및 배포 시 1) 인적 기관과 감독, 2) 기술적 견고성 및 안전성, 3) 개인정보 및 데이터 거버넌스, 4) 투명성, 5) 다양성, 차별 금지 및 공정성, 6) 환경 및 사회복지, 7) 책임성 등 7가지 사항을 준수할 것을 요구했다.

또한 2020년 7월에는 이용자가 간편하게 7가지 요건 준수를 점검할 수 있도록 '신뢰할 수 있는 인공지능을 위한 자체 평가 목록(ALTAI: The Assessment List for Trustworthy Artificial Intelligence)'을 발표했다. 다른 한편으로 EU 집행위는 2021년 인공지능법(AI Act) 초안을 제안하고, 2022년 AI 책임지침(AI Liability Directive)

과 제조물책임지침(Product Liability Directive) 개정안을 발표하는 등 규범화를 진전시키고 있다.

미국의 AI 권리장전

바이든 정부가 2022년 10월 공개한 AI 권리장전(AI Bill of Rights) 청사진은 AI 자동화 시스템이 시민의 권리를 보호하도록 아래 다섯 가지 원칙을 제시했다.

- 안전하고 효과적인 시스템(safe and effective system): 누구나 안전하지 않거나 비효율적인 시스템으로부터 보호받아야 한다.
- 알고리즘 차별 방지(algorithmic discrimination protection): 누구도 알고리즘과 시스템에 의해 차별받아서는 안 되며, 시스템은 공평한 방식으로 설계되고 사용되어야 한다.
- 데이터 보호(data privacy): 누구나 기본 제공된 보호 기능을 통해 악의적인 데이터 관행으로부터 보호받아야 하며, 본인의 데이터가 어떻게 사용되는지에 대해 인지할 수 있어야 한다.
- 고지 · 설명(notice and explanation): 누구나 자동화된 시스템이 사용되고 있다는 사실을 알고, 개인에 영향을 미

치는 결과에 자동화된 시스템이 기여하는 방식과 이유를 이해할 수 있어야 한다.

- 인적 대안, 고려 사항과 대비책(human alternatives, consideration and fallback): 필요한 경우 누구나 선택을 철회할 수 있어야 하며, 직면한 문제를 신속하게 고려하고 해결할 수 있는 사람과 연락할 수 있어야 한다.

중국의 AI 윤리 규범

중국은 2021년 9월 차세대 인공지능 윤리 규범을 제정하여, 인간 복지 증진, 공평 · 공정 촉진, 프라이버시 · 안전 보호, 제어 · 신뢰성 확보, 책임성 강화, 윤리적 소양 향상 등 6가지 원칙과 18건의 세부적인 규범을 제시했다. OECD 원칙을 대체로 반영하고 있다.

우리나라 AI 윤리 기준

우리 정부는 2020년 12월 대통령 직속 4차산업혁명위원회에서 사람이 중심이 되는 인공지능 윤리 기준을 심의 · 의결했다. '인간성(humanity)'을 중심으로 인간 존엄성, 사회의 공공선, 기술의 합목적성을 기본 원칙으로 두었으며, 인권 보장, 프라이버시 보호, 다양성 존중, 침해 금지, 공공성, 연대성, 데이터 관리, 책임성, 안정성,

투명성의 10개 요건을 제시했다.

국제 규범화 논의

그간 산발적으로 발전해 온 AI 윤리 원칙에 대해 유엔을 중심으로 국제 규범화 논의가 이루어지고 있다.

UNESCO, AI 윤리 권고

유엔교육과학문화기구(UNESCO)는 2011년 11월 총회에서 '인공지능 윤리 권고'를 채택했다. EU와 OECD의 신뢰할 수 있는 AI 논의가 주로 경제적 · 기술적 발전에 집중했던 반면, UNESCO 권고는 AI가 개인 및 사회와 맺는 다양한 접점을 포괄하려고 했다.

이 외에도, 2023년 UN 인권이사회에서 신 디지털 기술과 인권에 관한 결의안을 채택했다. 또한 UN 사무총장은 2023년 8월 AI 거버넌스의 국제적 조화를 위한 고위급 자문단을 소집해 정부, 시민사회, 산업계, 학계 등 다양한 의견을 모으고 있다.

G7 AI 원칙과 행동 준칙

서방 선진국 모임인 G7(미국, 영국, 독일, 프랑스, 이탈리아, 캐나다, 일본)은 AI 미래의 공동 비전을 제시하고 국제적 AI 윤리 규범 논의에 기여하고 있다. 특히 2023년 일본이 주도한 히로시마 AI 프로세스를 통해 AI 시스템 개발자에 대한 지도 원칙과 행동 준칙을 제시해 후속 윤리 규범 논의에 유용한 토대를 제공했다.

참고문헌

고학수 · 박도현 · 이나래(2020). "인공지능 윤리규범과 규제 거버넌스의 현황과 과제". ≪경제규제와 법≫, 13권 1호, 7-36.

이상욱 · 이호영(2021). "인공지능(AI) 윤리와 법(Ⅰ): AI 윤리의 쟁점과 거버넌스 연구". 유네스코한국위원회 & 한국법제연구원 공동연구.

이중원 외(2019). 『인공지능의 윤리학』. 서울: 한울.

Fjeld, J. et al.(2020). Principled Artificial Intelligence: Mapping Consensus in Ethical and Rights-Based Approaches to Principles for AI. *Berkman Klein Center Research Publication No. 2020-1.*

Floridi, L.(2023). *The ethics of artificial intelligence: Principles, challenges and opportunities.* Oxford University Press.

Gunkel, D.(2024). Handbook on the Ethics of Artificial Intelligence. Edward Elgar Publishing.

06
위험 관리 규제

윤리 원칙은 현실적 사안에서 위험 관리 규제 형태로 적용된다. 각국 정부는 AI 시스템이 내포하는 위험의 내용과 정도에 따라 규제하는 접근을 발전시켰다. 미국 위험 관리 프레임워크, EU 인공지능법, ISO/IEC 국제 표준을 살펴보겠다.

위험 관리 규제

AI 기술의 복잡성과 다양성을 고려할 때, 모호한 윤리 원칙으로 옳고 그름을 일률적으로 규율하기 어려우며, 구체적인 의사 결정 상황과 맥락에 따라 규범적 적용과 판단이 달라져야 할 것이다. 따라서 AI 거버넌스는 기본 원칙을 천명하는 수준에 그치지 않고, AI가 활용되거나 활용될 것으로 예측되는 분야의 현실적 문제를 다루는 위험 관리 규제로 진화하고 있다.

규제의 딜레마

정부는 시장 실패로 사회적 비용이 발생할 경우 정책적으로 개입한다. AI 시스템의 경우에도, 생산자와 소비자 간의 정보 비대칭, AI 위험으로 인한 피해의 외부성 등 규제적 개입을 정당화하는 사유들이 있다. 그럼에도 정부 규제는 혁신을 저해하고 불필요한 부담을 야기하며 시장을 왜곡하는 부작용이 있다. AI에 대한 규제가 지나치면 혁신을 저해하고, 규제가 불충분하면 피해와 사회적 비용이 커지는 것이다. 각국 정부는 기술 혁신의 촉진과 AI의 잠재적 위험 차단을 균형 있게 고려하고, 국가 목표, 사회 · 정치적 구조, 문화적 환경 등을 반영해 AI 규제를 설계하려 한다.

위험 관리 접근

규제에는 특정한 행동을 금지하는 방식뿐 아니라 규제 대상의 긍정적 행위를 촉진하거나 협력적 관계를 형성하는 접근도 포함된다. 위험 관리(risk management)는 AI 시스템으로 야기될 위험을 미리 측정, 선별하고 우선순위를 부여하여 중요한 이슈부터 위험을 최소화하는 데 집중하려는 것이다.

위험 관리의 주체별 책임 배분은 기본적으로 민법상 배상 책임에 기초한다. 새로운 규칙을 제정하기보다는 기존 규칙을 새로운 기술에 어떻게 적용할지의 문제로 접근한다. 또한 위해적 행위가 소유자, 운영자 또는 제조사 중 어디에 귀속되는지를 밝히기 위해 최소한의 투명성 의무가 수반될 수 있다.

상향식 vs 하향식

규제 방식에서 상향식 접근과 하향식 접근이 구분된다. 상향식은 AI 행위자의 자율적 문제 해결과 능동적 참여를 강조하는 반면, 하향식은 AI 개발 · 사용에 대한 선험적 규칙과 제재 부과에 초점을 둔다. 전자에는 미국의 위험 관리 체제, 후자에는 EU 인공지능법이 해당된다.

미국 위험 관리 체제

미국 상무부 표준기술연구소(NIST)는 2023년 'AI 위험 관리 프레임워크(RMF)'를 발표했다. 2020년 국가인공지능법은 NIST에 AI RMF 개발을 지시했고, NIST는 2021년부터 의견 수렴을 시작해 2023년 RMF 1.0을 발표했다. RMF는 AI 시스템의 설계, 개발, 배포, 사용 과정에서 신뢰성 확보를 위해 적용할 방법론을 제공하는 것으로, 크게 두 부분으로 구성된다.

Part 1: 기본적 정보

첫째 파트는 AI와 관련된 위험을 어떻게 체계화할지, 대상 청중은 누구로 하는지, AI 위험과 신뢰성에는 어떤 내용이 포함되는지, AI RMF의 효과성은 어떻게 평가하는지를 설명했다.

위험(risk)은 특정 상황의 발생 가능성과 그에 따른 결과에 대한 복합적 측정을 말하며, 위험 관리는 AI 시스템이 사람, 기관, 생태계에 미칠 부정적 영향을 최소화하고 긍정적 영향을 극대화할 기회를 찾는 것이다.

신뢰할 수 있는 AI의 특성으로, 유효하고 믿을 만하며, 안전하고, 안정적이고 회복적이며, 책임성 있고 투명하며, 설명 가능하고 해석 가능하며, 프라이버시를 증진하고, 유해한 편향을 공정하게 관리할 것을 제시하고 개별 요소에 대해 상술했다.

Part 2: 핵심 요소 및 프로파일

둘째 파트는 조직이 AI 시스템의 위험 관리를 수행하기 위해 필요한 4가지 기능을 설명했다.

통치(govern)는 AI 시스템의 전 과정에서 위험 관리 문화를 배양하고, 위험 관리에 필요한 절차, 문서 및 조직 구조를 제시하고, 잠재적 영향에 대한 평가 절차를 반영하는 등의 역할을 수행한다.

매핑(map)은 AI 시스템과 관련된 위험을 구조화하는 맥락을 설계하는 것이다. AI 생애 주기는 다양한 행위자가 관여하는 수많은 상호작용으로 구성되며, 현장에서 전체 구조를 인지하려면 시각화가 필요하다.

측정(measure)은 정량적, 정성적 또는 혼합적 방법으로 AI 위험과 영향을 분석, 평가, 참고 및 감시하는 기능이다. 매핑으로 확인된 AI 위험 정보를 활용하고 관리 기능으로 정보를 보낸다.

관리(manage)는 확인되고 측정된 위험에 주기적으로 위험 관리 자원을 할당하는 역할을 한다.

EU 인공지능법

EU 인공지능법(AI Act)은 AI 개발 · 활용에 대한 세계 최초의 통합 규범으로, 금년부터 단계적으로 효력이 발생해 2026년에 시행될 예정이다. 미국의 자율규제 방식과 달리, AI 시스템의 위험에 대한 포괄적 사전 규제 방식을 취하고 있다.

네 가지 위험 구분

AI 시스템이 내포한 위험도에 따라 수용 불가 위험, 고위험, 제한된 위험, 최소화된 위험으로 구분한다.

수용 불가 위험(unacceptable risk)을 초래하는 AI 시스템은 금지된다. 법 제5조는 △ 잠재적 · 조작적 · 기만적 기법 사용, 행동을 왜곡하고 의사 결정을 저해해 심각한 피해를 초래하는 시스템, △ 연령, 장애 또는 사회 · 경제적 상황과 관련된 취약점을 악용해 심각한 피해를 초래하는 시스템, △ 인종, 정치적 견해, 노동조합 가입 여부, 종교 · 철학적 신념, 성적 취향 등을 유추하는 생체 인식 분류 시스템, △ 사회적 행동 · 개인적 특성에 따라 사람을 평가 · 분류해 해롭거나 불균형적인 대우를 초래하는 시스템, △ 법 집행을 위한 공공장소 실시간 원격 생체 인식 시스템, △ 프로파일링이나 성격 특성만을 기반으로 개인의 범죄 위험성을 평가하는 시스템, △ 인터넷 · CCTV 영상의 불특정 스크래핑으로 안면 인식 데이터베이스를 생성 · 확장하는 시스템, △ 직장 · 교육기관에서 감정을 추론하는 시스템 등을 열거했다.

고위험(high-risk) AI 시스템에 대해서는 엄격한 규제를 적용한다. 법 제6조 제1항은 의료기기 · 교통수단 · 장난감 등 부속서 Ⅰ의 EU 법령이 적용되는 제품의 안전 구성 요소로서 의도되었거나 그 자체가 제품인 AI 시스템이고, 제3자 적합성 평가를 거칠 것이 요구되는 경우에 고위험으로 간주된다고 했다. 이에 더해, 제2항은 부속서 Ⅲ에 기재된 생체 인식, 핵심 기간 산업, 교육 · 직업훈련, 고용 · 인사관리, 필수 공공 · 민간 서비스 및 그 혜택에 대한 접근과 수혜, 법 집행, 이민 · 망명 · 출입국 관리, 사법 행정과 민주적 절차 등도 고위험으로 간주했다. 다만 제2항은 건강, 안전 또는 기본권에 심각한 피해 위험을 야기하지 않으면 고위험에서 제외된다.

고위험 AI 시스템에 적용되는 의무 사항으로, 위험 관리 시스템 구축, 적절한 데이터 관리, 서비스 개시 전 기술 문서 제공, 추적 가능한 로그 기록 보관, 투명성 및 정보 제공, 인간의 감독, 정확성 · 견고성 · 사이버보안 등이 상세하게 기재되었다(제9조~제15조).

고위험 AI 시스템에 관여하는 개별 주체에도 책임을 부과했다. 고위험 AI 시스템의 공급자와 배치자에 대한 의무 사항으로 품질 관리 시스템 구축, 기술 문서 작성, 적합성 평가, 자동 생성된 로그 보관, 필요 시 시정 조치, 관할 당국에의 협력 등을 규정했다(제16조~제21조). 수입자에게는 공급자의 적합성 평가 수행, 기술 문서 작성, CE 마크 및 필수 적합성 표기, 인정 대리인 지정 여부를 검증하고, 요건을 준수하지 않았다는 충분한 이유가 있는 경우에는 AI 시스템을 시장에 출시하지 않도록 했다(제23조).

범용 AI 모델 규율

범용 AI 모델(general-purpose AI models)에 대한 별도 챕터를 두었다. 범용 AI 모델은 대규모 데이터를 자기학습으로 훈련하고 다양한 작업을 수행하고 다른 하위 시스템과 통합될 수 있다. 이러한 모델에는 추가적인 투명성 의무가 부과되며, 그중에서 높은 영향력이 있다고 집행위가 판단하는 경우 시스템적 위험이 있는 범용 AI 모델로 분류해 적대적 테스트 수행, 시스템 위험 평가, 심각한 사건 기록 보고, 적정 수준의 사이버 보안 등의 강화된 의무를 부과했다(제51조~제55조).

ISO/IEC 국제 표준

국제표준화기구(ISO)와 국제전기표준회의(IEC)의 합동 위원회인 ISO/IEC JTC1은 2017년 AI 기술의 표준화를 위한 회의체로 SC42를 설립했고, 산하 작업반과 학습반을 운영하면서 50여 건의 AI 국제 표준을 개발하고 있다. 일례로, ISO/IEC 42001 AI 경영 시스템, ISO/IEC 22894 AI 위험 관리 가이드라인 등이 있다.

ISO/IEC 42001 AI 경영 시스템

AI 경영시스템 국제 표준은 2023년 12월 최종 통과되었으며, 이는 AI 시스템의 책임 있는 개발, 제공 또는 사용과 관련해, 정책과 목표, 그리고 이러한 목표를 달성하기 위한 프로세스를 수립하려는 조직의 상호 연계된 요소의 집합이다. 다시 말해서, ISO/IEC 42001은 조직의 상황 내에서 AI 경영 시스템을 수립, 실행, 유지하고 지속적으로 개선하기 위한 요구 사항을 규정하고 실행 지침을 제공한다. 조직 상황, 리더십, 기획, 지원, 운용, 성과 평가, 개선 등을 내용으로 한다.

국내 대기업들은 ISO/IEC 42001 인증에 신속하게 나서고 있다. 2023년 6월 삼성전자 생활가전사업부가 최초로 인증을 받았고, 10월에 카카오가 금융업 최초로 인증을 받았으며, 2024년 1월에는 LG전자가 인증을 받았다. 이는 기업이 AI 리스크 관리를 효과적으로 운영하고 있음을 입증하는 기회가 된다.

참고문헌

Engler, A.(2023). The EU and U.S. diverge on AI regulation: A transatlantic comparison and steps to alignment. Brookings. https://www.brookings.edu

Regulation (EU) 2024/1689 of the European Parliament and of the Council of 13 June 2024 (Artificial Intelligence Act). Official Journal of the European Union.

U.S. National Institute of Standards and Technology(2023). Artificial Intelligence Risk Management Framework(AI RMF 1.0). NIST AI 100-1.

07
기술 안보 조치

AI는 민군 겸용 기술이고 최근의 첨단 무기 전쟁에서 전략적 중요성을 더해 가고 있다. 미국은 국가 안보 차원에서 자국의 고성능 칩과 AI 기술이 전략 경쟁국인 중국으로 공급되지 않도록 전방위 수출 통제를 시행하고 있다. 통상 규범과 안보 조치 간의 갈등이 고조되는 양상이다.

AI와 국가 안보

AI 분야는 글로벌 전략 경쟁의 주요 전장이며, 글로벌 리더들도 AI 기술이 자국의 경제적, 정치적, 군사적 우위 확보에 중요함을 잘 인식하고 있다. 일례로 바이든 미국 대통령은 "우리는 향후 10년 동안 지난 50년에 비해 더 많은 기술적 변화를 보게 될 것이며 AI가 이러한 변화를 가속화할 것"이라고 했고, 푸틴 러시아 대통령은 "AI는 전 인류의 미래이며 이 분야의 주도권을 가지는 자가 세계를 지배하게 될 것"이라고 했다.

기술의 지정학

강대국의 흥망성쇠는 기술적 변화에서 시작된다. 미래의 패권국은 기술 혁신을 통해 경쟁국보다 높은 경제 성장을 일구고, 이러한 경제적 우위가 정치적, 군사적 영향력 확대로 이어지는 것이다.

역사적으로 보면, 1차 산업혁명 당시 영국은 증기 엔진을 주도하며 글로벌 패권국이 되었고, 2차 산업혁명에서 미국이 전기 혁명을 주도해 패권국이 되었다. 3차 산업혁명 시기에 일본이 반도체와 가전 기술을 주도했으나, 미국의 지정학적 견제로 인해 패권국으로 도약하지 못했다.

지금 4차 산업혁명을 맞아 AI가 핵심 기술로 부상했고, 미국과 중국이 AI 기술의 주도권을 두고 치열한 전략 경쟁을 벌이고 있다. 그 승패는 글로벌 패권에도 상당한 영향을 미칠 것이다. 이에 AI가 단순히 기술과 시장의 문제에 그치지 않고, 지정학이 연계된 국가 안보 사안으로 다루어지는 것이다.

국가 안보 이슈

AI 기술이 국가 안보에 어떤 영향을 미치는지에 대해 많은 연구와 다양한 의견이 있다. 여기에서는 크게 두 가지 사항에 주목한다.

첫째, AI 기술이 첨단 무기에 빠르게 활용되면서 전쟁의 성격을 변화시키고 있다. 이에 각국은 기술적 변화를 국방 전략과 무기 체계에 수용하기 위해 경쟁적으로 무기 개발에 투자하고 있다. 일례로 시진핑 주석은 중국의 위대한 부흥을 꿈꾸는 중국몽의 일부로 '강군몽'을 내걸었고, 민간의 AI 기술을 군사 무기 체계에 신속히 채택해 전력화하는 군민융합(Civil-Military Integration)을 주도하고 있다. 이에 대응해 미국은 군사력 우위의 유지를 위해 첨단 무기의 핵심 기술인 AI 분야에서 중국과의 기술력 격차를 최대한 벌리겠다는 안보적 목적을 갖고 다양한 경제적 수단을 동원하고 있다. 특히 자국의 고성능 AI 칩과 소프트웨어 기술이 중국으로 흘러 들어가 군용 기술로 사용되지 않도록 엄격한 무역 · 투자 제한 조치를 취하고 있다.

둘째 AI 알고리즘을 통한 민감정보 수집 · 이용에 대한 우려가 국가안보 사안으로 부상하고 있다. 일례로, 중국 소셜미디어 틱톡(TikTok)의 알고리즘이 사용자 단말기에서 방대한 개인정보를 수집해 중국 본사의 데이터센터에 저장하며 중국 정부가 이 데이터에 접근이 가능하다며 국가 안보 우려가 제기되었다. 트럼프 대통령이 중국 바이트댄스에 틱톡 매각 명령을 내리고 오라클이 인수자로 나섰지만 실패했고 미국 법원도 행정명령에 제동을 걸었다. 틱톡은 미국 이용자의 데이터를 미국 내 오라클 데이터센터로 이전했으나, 중국 기업이 소유한 정보는 중국 정부가 법에 따라 접근이 가능하다는 점에서 미국 내 우려는 해소되지 않았다.

수출 통제와 투자 심사

당초 민간 기업의 상업적 거래나 투자에 별다른 제약이 없었으나, 미국의 국가 안보 우려로 AI 반도체, 기업 및 제품에 대한 수출 통제와 투자 심사가 엄격해졌다.

수출 통제

미국의 수출 통제는 국가 안보에 필수적인 기술을 보호하려는 조치다. 1979년 수출관리법(EAA)에 의거해 수출관리규정(EAR)이 시행되다가, 2018년 수출통제개혁법(ECRA)으로 근거법을 확대 개편했다.

수출 통제는 세 가지 방식으로 취해진다. 첫째, 품목리스트 작성이다. AI를 포함한 민군 이중 용도 물품은 상무부가 담당하며, 상업통제리스트(CCL)를 작성하고 등재된 품목에는 수출통제품목번호(ECCN)를 부여해 관리한다. 둘째, 최종 용도 통제다. 상업통제리스트에 등재되어 있지 않아도 중국내 첨단 반도체 생산을 지지하는 활동이 금지된다. 셋째, 최종 소비자 통제다. 상무부는 국가 안보에 해를 끼친다고 판단되는 외국 기업을 등재한 제재 리스트(entity list)를 발표하며, 이들 기업에 통제 대상 물품의 수출은 원칙적으로 금지된다. 한편, 해외직접제품규칙(FDPR)을 시행해 미국 밖에서 외국 기업이 생산한 제품이 통제 대상인 미국산 기술을 일부라도 사용한 경우에는 수출관리규정을 역외 적용한다.

통제 대상은 첨단 반도체와 생산 장비 및 소프트웨어다. 트럼프 정부는 군사용 고성능 AI 칩과 신경망 소프트웨어를 대상으로 수출을 금지했으나, 바이든 정부는 군사용과 상업용을 구분하지 않고 중국의 AI 기술 발전을 억제하려는 전방위 전략을 취하고 있다. 2022년 10월과 2023년 10월 두 차례에 걸쳐 수출관리규정을 개정하여, 수출 통제 품목 리스트에 AI 칩과 생산 장비 및 소프트웨어를 대거 추가했다.

미 의회는 AI 시스템의 수출 통제와 관련한 행정부 권한을 보강하는 법안을 추진 중이다. 미 의회의 미중 경제안보 검토위원회 보고서는 중국이 대만과의 군사적 충동을 준비하는 민간 AI 기술을 이용하고 있다고 제기했다. 최첨단 AI 시스템 기술이 유출되지 않도록 보호하는 것이 국가 안보 이익에 부합한다는 초당적 인식이 있다. 미 상무부도 첨단 AI 모델에 대한 수출 규제를 강화하는 방안을 검토 중이다.

투자 심사

바이든 대통령은 2022년 9월 국가 안보 차원에서 핵심기술 보호를 위해 외국인의 미국(inbound) 투자에 대한 심사를 엄격하게 강화하는 행정명령(E.O. 14083)에 서명했다. 외국인투자위원회(CFIUS)가 외국 기업의 미국 투자를 심사한다. 1975년 CFIUS 설립 이후 첫 행정명령이다. 엄격한 심사가 필요한 첨단 기술 분야로 AI, 바이오, 양자컴퓨팅 등을 지정했으며, 국가 안보 위협 여부를 포함해 심사한다.

또한 해외(outboud) 투자에 대해서도, 2023년 8월 미국 국가 안보에 위험을 초래하는 해외 투자를 제한하는 행정명령(E.O. 14105)을 발표하고, 2024년 6월 재무부의 규칙 제정안을 공개했다. 이에 따르면 AI, 반도체, 양자컴퓨팅 분야에서 미국인이 우려국에 투자할 경우 엄격한 심사를 받게 된다. 군사 정보 수집, 감청 관련 AI 투자는 금지되며, 이중 용도 AI 소프트웨어 개발에는 사전 신고 의무가 부과된다.

통상 규범 안보 예외

WTO 규범에는 안보 예외가 있다. GATT 제21조(b)는 당사국이 자국의 필수적 안보 이익을 보호하기 위해 필요하다고 간주하는(which it considers necessary) 조치를 취할 수 있도록 했다. 이때 조치국의 자기판단(self-judging) 범위와 한계가 문제가 된다. 주권국의 안보적 판단을 무제한 허용하는 경우 통상 규범의 공백이 불가피하고, 주권국의 재량을 지나치게 제약하는 경우 국제 규범 수용성을 저해할 수 있다.

AI 기술이 무기 경쟁과 맞물린 상황에서 오래된 통상

규범으로 대처하는 것은 한계가 있다. AI의 책임 있는 군사적 이용에 관한 고위급 회의(REAIM)가 2023년 새롭게 출범했고 2024년 제2차 회의가 서울에서 개최된다. 국제사회가 다양한 협의 채널을 활용해 AI의 군사적 이용 및 안보적 조치에 대한 합의 기반을 마련하고 이를 토대로 통상 규범에서 무역과 안보의 재균형을 도모하는 것이 바람직하다.

사이버 국가 안보

미국 의회는 2024년 4월 틱톡의 미국 사업 매각을 강제하는 일명 '틱톡금지법'을 통과시키고 바이든 대통령이 서명해 발효되었다. 이 법에 따라 모회사 바이트댄스는 270일 안에 틱톡의 미국 사업을 매각해야 하며 그렇지 않을 경우 미국 내 서비스가 금지된다. 바이트댄스 측은 미 정부를 상대로 소송을 제기했고, 미 법무부는 반박서면에서 틱톡이 민감한 주제에 대한 미국 이용자들의 데이터를 수집하고 중국 바이트댄스의 요구대로 콘텐츠를 검열함을 지적하고, 대선을 앞둔 중요한 순간에 중국 정부가 틱톡을 효과적으로 이용하도록 허용하는 것은 국가 안보상 용납할 수 없다고 했다.

이중 용도 파운데이션 모델

파운데이션 모델(foundation model)은 레이블 없는 방대한 데이터셋으로 훈련된 AI 신경망으로, 환경에 상관없이 광범위하게 작업을 수행하도록 설계된 모델을 말한다. 고도로 능력을 갖춘 파운데이션 모델을 프런티어 모델(frontier model)이라고 부르며, 위험한 능력도 고도화되어 있다. 파운데이션 모델은 민간과 군사용에 모두 적용될 수 있으며, AI 기술 역량이 커짐에 따라 안전과 국가 안보에 미치는 영향도 커진다.

2023년 10월 바이든 대통령이 발표한 'AI의 안전하고 신뢰할 수 있는 개발과 사용에 대한 행정명령(E.O. 14110)'은 잠재적 이중 용도 파운데이션 모델을 개발하거나 개발할 의도를 가진 기업이 모델 훈련, 개발, 생산과 관련된 제반 활동, 모델 가중치의 소유권과 그 보호를 위한 사이버 보안 조치, NIST 지침에 따른 AI 레드팀 시험에서 모델의 수행 결과 등에 대한 정보나 기록을 미국 상무부에 제출하도록 했다.

커넥티드 차량의 국가 안보 위험

자율주행차는 센서, 카메라, 라이더 등으로 주변 환경의 정보를 수집하고 무선 네트워크로 연결된 다른 장치와 데이터를 주고받는다. 국가 안보 우려가 제기될 수 있는 사안이다. 미국 상무부는 2024년 2월 커넥티드 차량에 포함된 정보통신 기술과 서비스로 인한 국가 안보 위험을 조사하기 시작했고, 중국산 소프트웨어 사용을 규제할 것으로 예상된다. 바이든 대통령은 "중국산 장치가 미국민과 미국의 기반 시설에 대한 민감한 정보를 수집해 중국에 보낼 수 있다"고 우려했다.

참고문헌

Bloomfield, D.(2024). U.S. Export Controls of AI Models. Available at SSRN: https://ssrn.com/abstract=4741033

Bown, C.(2023). The Return of Export Controls: A Risky Tactic That Requires Cooperation From Allies. *Foreign Affairs*.

Kissinger, H. & Allison, G.(2023). The Path to AI Arms Control: America and China Must Work Together to Avert Catastrophe. *Foreign Affairs*.

The White House. Executive Order on the Safe, Secure, and Trustworthy Development and Use of Artificial Intelligence. October 30, 2023.

08
플랫폼 비즈니스

플랫폼 비즈니스는 생성형 AI 개발을 이끄는 주된 사업 형태다. 과거에는 미국과 빅테크 기업이 인터넷 개방과 플랫폼 책임 면제를 주도했으나, 최근에는 빅테크 기업의 독점적 지위를 우려하는 목소리가 커지면서 경쟁법 규율이 강화되고, 소비지국의 디지털세 부과도 이루어지고 있다.

플랫폼 비즈니스

기업의 모델은 기술적 진보와 함께 변화해 왔다. 산업혁명과 대량생산으로 '기업'이 등장했으며, 전후 자유무역 질서에서는 '다국적 기업' 모델이 확산되었다. AI 시대에는 '디지털 플랫폼'에 기반한 빅테크 기업이 주된 형태가 되고 있다. 그런데 새롭게 등장한 플랫폼 모델은 시장을 집중화하고 권력화되는 경향이 있고, 이에 따른 정책적 대응 논의가 활발하다.

네트워크 효과

플랫폼 비즈니스는 복수 그룹이 참여하는 플랫폼을 기반으로 그룹 간의 상호작용을 촉진해 가치를 창출하는 모델이다. 이 모델은 다수의 사람들이 모인 '네트워크 효과'를 통해 혁신적 가치를 창출한다. 공급자가 모든 것을 제공하던 방식에서 네트워크 안에서 구성원이 해결책을 찾는 방식으로 변화하는 것이다. 이를 위해 충분한 규모의 참여자를 확보하는 것이 필수적이며, 많은 사람들이 참여할수록 상호작용 가능성과 그에 따른 효용도 커진다. 네트워크 효과가 나타나기 시작하면, 생산 증가가 소비 증가로 이어지고 이는 다시 생산 증가로 이어지며 플랫폼의 가치가 상승한다.

이러한 플랫폼 비즈니스의 중요한 특성으로 '승자독식'이 있다. 플랫폼 사용자들은 다른 대체제가 있더라도 기존 플랫폼의 네트워크 효과로 락인(lock-in)되어 계속 머물게 된다. 일례로, 카카오톡은 가입자를 확대해 네트워크 효과를 확보한 결과, 텔레그램, 라인 등 후발 주자가 시장에 나왔음에도 기존 플랫폼에 익숙한 사용자들이 이동하지 않았다.

오픈AI는 2022년 11월 챗GPT를 출시해 3개월 만에 월 사용자 1억 명을 돌파했다. 하지만 오픈AI는 영업 손실로 적자가 커지고 있다. 챗GPT를 하루 가동하는 데 필요한 비용만도 70만 달러에 달한다. 오픈AI가 월 22달러(부가세 포함)의 유료 구독 모델을 선보이고 있으나 운영비를 충당하기에는 모자라며, 올해 적자가 50억 달러에 이를 것으로 예상된다. 그럼에도 오픈AI가 시장에서 800억 달러 이상의 가치를 평가받는 것은 기술적 우위와 네트워크 효과 때문이며, 향후 수익 모델 창출에 네트워크 효과가 중요한 역할을 할 것이다.

온라인 침해 면책

플랫폼 이용자가 다른 사람을 비방하거나 저작권을 침해한 내용물을 게시한 경우 플랫폼 사업자에게도 불법

행위 방조 책임이 귀속될 수 있다. 이에 인터넷 서비스 제공자에게 관리 책임을 어느 수준으로 물을 것인지가 논란이 되었으며, 인터넷 비즈니스의 확산과 자율 규제를 지원하는 기조에서 온라인 사업자에 대한 제3자 침해 면책 제도가 발전했다.

1996년 미국 통신품위법(CDA) 제230조는 인터넷 이용자의 불법정보 게시에 대한 온라인 사업자의 공동책임을 면제했고, 1998년 디지털 밀레니엄 저작권법(DMCA) 제512조는 온라인 서비스 제공자가 통제하거나 운영하는 시스템에 게시된 자료에 저작권 침해 주장이 있을 경우 신속한 차단 등을 요건으로 면책하는 피난처를 제공했다.

빅테크 경쟁 규율

글로벌 시가 총액 기준 상위 10대 기업으로 마이크로소프트, 애플, 엔비디아, 아마존닷컴, 알파벳(구글), 메타(페이스북) 등 빅테크 기업들이 올라 있다. 하지만 빅테크 기업들이 시장 지배적 지위를 남용해 다른 AI 기업들의 시장 진출을 저해하고 독점적 구조를 고착화해 결국 소비자 편익과 선택권을 제한할 수 있다는 우려가 지속적으로 제기되고 있다.

미국의 플랫폼 반독점 규율

미국의 경우, 2016년 대선 과정에서 페이스북, 트위터 등을 통한 러시아의 개입과 가짜뉴스 유포에 대한 민주당의 불만이 제기되었고, 2019년 미 상원이 통신품위법 제230조에 대한 재검토에 착수했다. 이는 당시 협상 중이던 미국-멕시코-캐나다 협정(USMCA) 제19.17조 제3항(선의로 접근 제한 또는 게시물 삭제 행위에 대한 책임 면제)에 대한 삭제 요구로 이어졌다.

바이든 정부는 빅테크 기업에 대한 반독점 규제를 강화해 왔다. 2021년 7월 미국 경제의 독과점적 시장 구조를 개선하고 경쟁 제한 폐혜를 시정하기 위한 '미국 경제에서의 경쟁 촉진에 관한 행정명령(E.O. 14036)'을 발표해, 10여 개 부처에 72개 조치를 시행하도록 지시했다. 또한 바이든은 미 연방거래위원회(FTC) 수장으로 리나 칸(Lina Khan) 교수를 임명했다. 이후 FTC는 메타, 마이크로소프트, 아마존 등 빅테크 기업을 대상으로 반독점 소송을 제기했다.

한편 미 하원의 반독점소위원회는 2020년 11월 빅테크 기업의 독과점적 지위 남용 우려를 지적하는 '디지털 시장의 경쟁 조사' 보고서를 발표했고, 미 하원에서 2021년 6월 플랫폼 기업을 규제하기 위한 5개의 패키지 법안을 발의했다. '플랫폼 독점 종식 법'은 플랫폼 운영과 상품·서비스 제공을 분리해 자사 서비스 우대를 차단하는 법안이다. '미국 선택 및 혁신 온라인 법'은 자사 우대, 데이터 독점, 가격 책정 개입 등의 불공정 행위를 사후 규제하는 법안이다. '플랫폼 경쟁 및 기회 법'은 빅테크의 잠재적 경쟁자를 인수하거나 데이터 확보를 위해 인수하는 경우 경쟁 제한 기업 결합으로 추정해 빅테크가 경쟁 제한이 없음을 증명하도록 하는 법안이다. '서비스 전환 지원에 의한 호환 및 경쟁 촉진 법'은 플랫폼을 통해 생성된 거래 정보를 빅테크가 독점하지 않고 경쟁 플랫폼과 이용 사업자들에게 접근권을 보장하는 내용이다. 다만 온라인 플랫폼에 대한 과도한 규제라고 지적되고 정치적 관심이 대중 무역 규제로 옮겨 가면서, 이들 법안이 대부분 117대 의회 회기 내에 통과되지 못했고 향후 입법 여부는 지켜봐야 한다.

EU의 빅테크 경쟁법 규율

EU는 유럽기능조약 제102조에 근거해 애플, 구글, 메타 등 빅테크 기업의 독점력 남용 행위에 경쟁법 규율을 집행하고 있다. 일례로, 2019년 구글의 자사 우대, 앱 선탑재, 배타적 거래 요구 등 시장 지배적 지위 남용 행위에

14억 유로의 과징금을 부과했다. 하지만 이러한 경쟁법 집행이 법 위반 행위가 발생한 이후에 적발해 제재하는 방식이고 법 위반을 입증하는 데 상당한 시간이 소요된다는 한계가 지적되어 왔다.

경쟁법 집행의 한계를 보완하기 위해 2023년 5월부터 '디지털시장법(DMA: Digital Market Act)'을 시행하고 있다. 일정 규모 이상의 온라인 플랫폼을 게이트키퍼로 지정하고, 이들에게 자사 제품에 대한 높은 순위 부여 금지, 신규 단말기 구매 시 검색 엔진 선택권 부여, 플랫폼 프로그램 삭제 허용 등 의무를 부과한다. 집행위는 알파벳, 아마존, 애플, 바이트댄스, 메타, 마이크로소프트 등 6개 기업을 게이트키퍼로 지정하고, 이들의 22개 핵심 플랫폼을 법 적용 대상으로 확정했다.

미국·EU·영국 공동 선언문

2024년 7월 미국 법무부 · 연방무역위원회, EU 집행위, 영국 경쟁시장청은 공동 선언문을 채택해 생성형 AI 관련 시장 내 경쟁 촉진 및 제반 위험 방지를 위해 협력하기로 합의했다. 최근 AI 발전이 시장 내 경쟁, 기회 창출, 혁신 및 성장의 측면에서 새로운 변곡점이 되고 있다고 평가하고, 일반 대중이 AI가 창출하는 모든 혜택을 균등하게 누려야 하므로 관련 시장 내 공정 경쟁을 저해할 수 있는 모든 사항에 대해 감독을 강화해야 함을 강조했다. 경쟁을 저해할 위험 요소로, AI 기술 발전을 위한 핵심 투입 요소에 대한 집중적 통제, 기존 디지털 시장 지배력을 AI 관련 시장으로 확장, 시장 내 핵심 기업 간 협력 등을 주목했다.

디지털서비스세

구글 등 빅테크 기업은 세계 각국에서 막대한 이윤을 내면서도 이에 상응하는 법인세를 내지 않는다. 플랫폼 사업자는 인터넷을 통해 가상으로 서비스를 제공하므로 고정 사업장이 존재하지 않는다. 원칙적으로 사업자는 법인 소재지국에 원천 소득에 대한 납세를 부담하는데, 빅테크의 경우 영업지가 아닌 법인세율이 낮은 국가에 자회사를 설립하고 그곳에서 거래를 완료해 수익을 이전하는 절세 전략을 취해 왔다.

프랑스의 구글세 논란

프랑스 의회는 2019년 7월 온라인 광고 등 디지털 서비스로 창출된 매출에 3%의 세금을 부과하는 법안을 가결했다. 일명 '구글세'로 알려져 있다. 미국은 이에 강하게 반발하면서 통상법 301조에 따른 조사를 벌였으며, 프랑스의 디지털서비스세가 미국의 디지털 기업을 차별하는 조치라고 판단하고 이를 강행할 경우 보복관세로 대응하겠다고 경고했다.

OECD 디지털세 합의안

주요국은 2012년 OECD 소득이전 세원잠식(BEPS) 방지 프로젝트를 추진해 왔고, 2017년 포괄적 이행체계(IF)를 출범해 4년간의 협상 끝에 2021년 '디지털세 합의안'을 발표했다.

합의안은 고정 사업장과 같은 물리적 실재가 존재하지 않더라도 시장 소재지국의 과세권을 인정하는 '통합접근법(Pillar 1)'과 세원 잠식 방지를 위한 '글로벌 최저한세율(Pillar 2)'로 구성되었다. 첫째, 통합접근법에서는 다국적 기업의 글로벌 매출에서 통상 이익률 10%를 넘는 초과 이익의 25%에 대한 세금을 시장 소재지국에 납부하도록 했다. 둘째, 글로벌 최저한세는 15%로 설정했으며, 이보다 낮은 세율을 적용할 경우 다른 국가에 추가 과세권을 부여했다.

합의안이 발효되려면 미국을 포함해 최소 30개국에서 비준을 받아야 한다. 하지만 미국 공화당 측에서 강하게 반대하고 있어 미 의회 문턱을 넘지 못한 채 비준 시한을 넘긴 상황이다. 합의안 발효에 실패할 경우, 각국이 플랫폼 기업에 대한 개별 과세에 경쟁적으로 나설 것이라는 우려가 나오고 있다.

참고문헌

Crisanto, J., et al.(2021). Big tech regulation: what is going on?. FSI Insights on policy implementation No 36. Financial Stability Institute.

Gravelle, J.(2024). The OECD/G20 Pillar 1 and Digital Services Taxes: A Comparison. Congressional Research Service R47988.

US Senate(2023). Big Tech's Big Con: Rigging Digital Trade Rules to Block Antitrust Regulation. Prepared by the Office of Senator Elizabeth Warren.

09
자율주행 시스템

자율주행 시스템은 AI 기술이 다양한 동작 장치에 구현된 것이다. 완전 자율주행이 상용화되면 인류의 삶 전반에 혜택을 가져오겠지만, 시스템 안전성, 민감정보, 충돌사고 책임, 통상 규범 등 거버넌스 과제도 적지 않다. AI 거버넌스 논의가 현실에 어떻게 구현될지 주목된다.

자율주행 상용화

테슬라의 오토파일럿은 차량에 탑재된 자율주행 보조장치다. 2019년 출시된 향상된 오토파일럿(enhanced autopliot) 옵션은 운전자를 단순 보조하는 수준을 넘어 자동차로 변경, 고속도로 자율주행, 오토파크, 주차장 무인호출 등 AI 시스템이 스스로 상황을 파악하고 운전하는 기능이 추가되었다. 신호등 인식 및 자율제어, 시내 자율주행 등이 구현된 완전 자율주행 성능(full self driving capability) 옵션도 출시되고 있다. 테슬라, 구글 웨이모 등은 운전자 개입이 없는 자율주행 로보택시 상용화도 준비 중이다. 미국 교통부 통계에 따르면, 아직은 자율주행차의 사고율이 인간 운전 사고율의 2배 수준이다. 하지만 자율주행 실증 데이터가 누적되어 성능이 향상되고 저비용 생산이 가능해지면, 자율주행차와 로보택시가 빠르게 확산되어 본격적인 AI 시대의 서막을 열게 될 것이다.

자동화 수준의 분류

미국 자동차공학회(SAE)는 차량의 자율주행 단계를 레벨 0에서 레벨 5까지 6단계로 분류했다. 레벨 0은 비자동화 단계로, 운전자가 모든 주행 기능을 수행한다. 레벨 1은 운전자 보조 단계로, 운전자가 주행 기능을 수행하는 것을 전제하고, 시스템이 운전자를 도와 주행 속도와 제동을 일부 제어한다. 레벨 2는 부분 자율 주행 단계로, 특정 상황에서 시스템이 스스로 진행 방향을 바꾸거나 선행 자동차와의 간격 유지를 위해 속도를 가감하며, 운전자는 시스템과 주변 상태를 감시할 책임이 있다. 레벨 3는 조건부 자율 주행 단계로, 운전자의 탑승하에 시스템이 스스로 주행 기능을 수행하고, 운전자는 비상 상황에서만 개입한다. 레벨 4는 고도 자율 주행 단계로, 시스템이 전체 운전 기능을 수행하고 안전을 스스로 제어하며, 인간 운전자는 목적지와 이동 경로를 입력하는 것이 전부이다. 레벨 5는 시스템이 전체 운전 기능과 비상 대처를 계속, 그리고 조건 없이 스스로 수행하며, 인간 운전자가 필요 없는 수준이다.

기술적 한계와 전망

지금 상용화된 자율주행 기능은 대부분 레벨 2~3 수준에 그치며, 아직은 기술적 한계가 있다. AI 기술에서 예측 불가능하거나 모호한 상황에 대한 판단 능력이 부족하며 윤리적 기준도 과제다. 센서 기술에서 인식 범위, 해상도, 정확도가 아직 부족하며 악천후에 작동이 제한

적이다. 데이터 처리와 관련, 방대한 영상 정보를 실시간 처리 가능한 컴퓨터 성능이 확보되어야 한다.

자동차 업계가 레벨 3 이상의 자율주행 기술 연구에서 난관에 봉착하면서, 당초 계획보다 자율주행 상용화가 늦어지고 있다. GM 자회사 크루즈는 2023년 무인 로보택시를 개시했다가 한 달 만에 사고가 다수 발생하면서 급히 사업을 중단했고 이후 직원 규모와 투자금을 대폭 감축했다. 현대차가 미국 앱티브와 설립한 모셔널이 자율주행 상용화 계획을 연기했다. 포드도 자율주행 레벨 4 구현을 포기하고 레벨 3를 고도화하는 방향으로 선회했다. 반면 테슬라는 자율주행 로보택시의 시범 주행을 이르면 올해 말부터 시작할 것이라고 밝혀 투자자들의 주목을 받고 있다.

거버넌스 과제

자율주행차가 실제 도로를 주행하려면 그에 맞는 법적 체계가 갖추어져야 한다. 정부는 자율주행차의 안전성과 신뢰성을 확보하기 위해 다양한 분야에서 적절한 기준을 설정하고, 이해관계자와 협의를 거쳐 각종 제도적 장치를 마련해야 한다.

충돌사고 책임

자율주행 레벨 3에서는 운전자가 여전히 충돌사고의 책임 주체다. 운전자에게 감독권이 있고, 시스템이 제어권 전환을 요청하는 경우 운전자는 즉각적으로 개입할 의무가 있다. 이때 운전자가 주행을 수행하는 것이 아니므로, 도로교통법상 운전자의 주의 의무가 비자율주행 운전자와 동일하게 규정되어서는 안 될 것이다. 또한 자율주행 시스템의 결함이 사고 원인이라면 차량 제조사 또는 시스템 개발사가 공동 책임을 부담하거나 운전자 면책이 가능하도록 법령 개정이 필요하다.

레벨 4 이상에서는 운전자의 개입이 없이 자율주행 시스템이 주행한다. 운전자는 주행을 위한 출발지와 목적지를 입력할 뿐이다. 자율주행 시스템이 주행의 주체이므로 자동차 결함이면 제조사, 시스템 오류라면 개발사가 책임을 부담해야 할 것이지만, 현행법은 그렇지 않다. 또한 레벨 4에서 운전자가 탑승자로 법적 지위가 변화된다면 형사 책임 주체는 더욱 복잡해진다. 도로교통법상 교통사고 후 구호 조치 의무는 운전자에게 있고, 특정범죄가중처벌법상 도주 범죄의 주체도 운전자다. 탑승자에 불과한 사람에게 구호 조치 의무와 도주 범죄를 적용해야 하는지도 논의가 필요하다.

기능적 안전

자율주행차의 기능적 안전은 차량의 기능 불량이나 오작동으로 인한 인명 사고를 막기 위해 중요한 사안이고, 각국 정부는 시급하게 자율주행차에 대한 안전 기준을 정비하고 있다. 미국 교통부는 2020년 자율주행차 안전 기준에 대한 가이드라인을 발표했고, 주정부별로 자율주행차 테스트와 상용화에 대한 별도 규제를 갖고 있다. EU는 2021년 자율주행차 안전과 책임에 대한 규제안을 발표했고, 회원국별로 자율주행차 법안을 마련하고 있다. 중국 정부도 2020년 자율주행차 테스트와 관련된 규제 지침을 발표했다.

한편, 차량의 기능 안전에 대한 국제 표준으로 ISO 26262(도로 차량-기능적 안전)가 있다. 2011년 제정되고 2018년 개정되었다. 기능적 안전관리, 엔지니어링 프로세스, 제품 개발의 단계별 권장 사항 및 지원 프로세스를 개략적으로 담고 있다.

민감정보 처리

자율주행 성능을 개선하려면 실제 주행을 통해 실증 데이터를 축적하고 안전성을 확보하는 것이 관건이다. 그런데 차량이 주행 중에 센서로 방대한 데이터를 수집하므로 개인의 민감정보가 포함될 수 있고, 이 정보들이 실시간으로 외부 서버나 다른 장치에 전송되기 때문에 의도하지 않게 유출되거나 악용될 위험이 있다. 데이터 수집과 저장, 전송 시 암호화, 접근 권한 관리, 데이터 사용 등 다양한 측면에서 적절한 보호가 필요하다.

한편, 과도한 개인정보 보호 규제는 자율주행 성능 개발에 걸림돌이 될 수 있다. 일례로 개인정보보호법은 촬영한 영상을 외부로 전송하거나 제품 개선에 활용할 경우 특정 개인을 알아볼 수 없도록 비식별화 처리를 요구한다. 이에 대해 자율주행 업계는 차량이 촬영한 영상 데이터에 비식별화 처리를 하면 보행자 시선 방향 등 위험 상황을 파악하는 정보가 사라져 활용 가치가 떨어지고 이를 통해 개발한 AI 시스템이 실제 현장에서 오작동을 일으킬 우려가 있다고 지적한다.

사이버 보안

연결 기반 차량의 등장으로 사이버 보안 위협이 커지고 있다. 연결 기반 차량은 주변의 장치와 연결되고 교통 시스템으로 주행하게 된다. 사이버 공격이 시스템에 침투할 경우 전체 교통 시스템 붕괴로 이어질 수 있기 때문에 자율주행차의 사이버 보안 기능에 관한 기준 마련과 사이버 해킹에 대한 강력한 제재가 요구된다.

AI 위험 관리 규제

각국의 AI 위험 관리 규제가 자율주행차에 적용되는가? 우리 기업에는 어떤 영향을 미칠 것인가? 일례로, EU 인공지능법이 자율주행차에 적용되면, 안전과 관련된 고위험 시스템으로 분류되어 높은 수준의 규제에 직면하게 된다. 외국 수출자에게 과도한 책임을 부과하는 불합리한 무역 장벽으로 제기될 수도 있다.

EU 인공지능법 적용

독일 자동차산업협회(VDA)는 EU 인공지능법 마련을 환영하면서도 자율주행차 시장의 발전을 저해할 것을 우려했다. EU 인공지능법에 따라 자율주행을 고위험군으로 분류해 인간이 감독하고 위험 관리 시스템을 갖추어야 하는 등 과도한 의무를 부과하면 산업의 혁신을 저해할 것이라고 주장했다.

EU의 자동차 안전 규제로 형식 승인 프레임워크 규제(Regulation (EU) 2018/858, TAFR)와 일반 안전 규제(GSR: General Safety Regulation)가 있다. 자동차와 그 부품은 형식 승인 절차를 통해 각종 규정과 기술 요건 충족 여부를 심사받는다. AI 시스템이 형식 승인 규제와 일반 안전 규제의 안전 기준을 모두 충족한다면 안전이 입증된 것이므로, 인공지능법의 고위험군 제외 규정을 원용해 의무를 피할 여지가 있을 것이다.

우리의 대응 전략

자동차는 우리 주력 수출 품목 중 하나다. 현대차도 자율주행 로보택시 사업에 꾸준히 투자하고 있다. 그런데 주요 수출 시장인 미국과 EU에서 AI 위험 관리 규제를 강화하고 파편적으로 운영하는 것은 우리의 자동차 해외 진출에 부담으로 작용할 수 있다. 따라서 우리로서는 각국의 AI 규제가 자유무역 원칙에서 어긋나지 않는 합리적인 방식으로 도입되도록 목소리를 내야 한다.

지금 국내에는 EU 인공지능법을 따라 포괄적 AI 규제 법안을 시급히 도입하자는 주장이 많다. AI 윤리와 신뢰성 확보 측면에서 타당할 수 있지만, 규제 도입 여부와 수준은 산업적 이익과 지정학적 목표를 종합적으로 감안해 전략적으로 판단해야 한다. AI 위험 관리를 어떻게 접근하는 것이 우리의 산업적 이익에 부합하는지 냉철한 고민과 전략이 필요하다.

참고문헌

변순용 · 황기연 · 임이정(2018). "자율주행자동차에 대한 한국형 윤리 가이드라인 연구". ≪윤리연구≫, 제123호. 한국윤리학회.

Gucluturk, O. & Vural, B.(2024). Driving Innovation: Navigating the EU AI Act's Impact on Autonomous Vehicles. Holistic AI.

US Department of Commerce. Citing National Security Concerns, Biden-Harris Administration Announces Inquiry into Connected Vehicles, Press Release of February 28, 2024.

10
자율제조 혁신

4차 산업혁명과 산업의 디지털 전환으로 제조 현장의 혁신적 변화가 일어나고 있다. 기존 스마트 팩토리는 AI와 로봇이 구현하는 자율형 공장으로 진화하고 있다. 이러한 산업 혁신은 통상의 방식과 대상에도 커다란 변화를 가져오고 있어 이제는 새로운 통상 거버넌스를 논의할 시기가 되었다.

자율형 공장

산업의 디지털 전환(DX: digital transformation)이 제조 현장에서 빠르게 이루어지고 있다. AI, 사물인터넷(IoT), 로보틱스, 디지털트윈 등 디지털 기술이 제조 현장에 활용되어 생산 방식과 공급망의 혁신적 변화가 일어나고 있다.

WEF 등대공장

세계경제포럼(WEF)은 2018년부터 전 세계 공장을 심사해 등대공장(lighthouse factory)을 발표한다. 등대가 배를 안내하는 것처럼 4차 산업혁명 기술을 도입해 제조업 혁신을 이끄는 공장들이다. 이들은 과거 정보화 기술(IT)과 로봇을 활용해 공정을 자동화하는 스마트 팩토리를 넘어, 초연결과 지능화를 기반으로 가상물리시스템(CPS)을 구축하고 AI 기술로 공정 전반을 자율화하는 미래 자율형 공장을 추구한다.

테슬라 옵티머스

전기차 제조업체 테슬라는 AI 기술에 막대한 투자를 하고 있으며, 전문가들은 테슬라의 잠재적 성장 가치로 차세대 자율주행보다도 휴머노이드 로봇 '옵티머스'를 주목한다. 일론 머스크는 옵티머스를 2만 달러 이하로 대량 생산해 자사 기가팩토리에 배치하겠다는 구상이다. 만약 이러한 구상이 실현되면 생산성 한계가 허물어지고 경제 지형은 완전히 달라질 것이다.

현대차 글로벌혁신센터

현대차는 고객 맞춤형 목적 기반 전기차(PBV)를 생산할 미래의 모델 공장으로 싱가포르에 글로벌혁신센터를 건립했다. 셀 단위 유연 생산, 통합 물류 솔루션, 디지털트윈 등 혁신 기술이 시범 적용된다. 현대오토에버가 서비스형 스마트팩토리(SFaaS)로 제조 혁신 지능형 플랫폼 개발을 맡고, 현대위아는 공장 자동화 경험을 바탕으로 로봇 제어 시스템과 제조 · 물류 솔루션 개발을 담당한다. 현대차는 디지털 제조 플랫폼으로 이포레스트를 공개했는데, 조립 · 물류 · 검사 자동화, AI 기반의 자율 제어, 유해 작업 환경 자동화 등 사람-자연-기술의 유기적 연결을 추구한다.

제조의 서비스화

디지털 전환은 제조 기업의 서비스화를 촉진한다. 제조 기업은 디지털 수단을 활용해 제품의 전 생애 주기에 걸쳐 고객과 소통하면서 수요에 반응하는 서비스를 통해 새로운 가치를 창출하고 있다.

모빌리티 솔루션

현대차는 미래에 자율주행이 현실화되고 차량 소유에서 공유 시대로 변화하며 완성차 업체가 IT 및 서비스 업체와 경쟁하는 시대가 도래할 것으로 전망하고, 완성차 조립 생산에서 '스마트 모빌리티 솔루션 프로바이더'로의 사업 전환을 선언했다. 고객에게 단순히 완성차를 판매하는데 그치지 않고 모빌리티 서비스로 새로운 가치를 제공하겠다는 것이다.

또한 로봇 기술과 접목한 새로운 모빌리티 플랫폼 개발도 한창이다. 세계 최고의 로봇 기술을 보유한 미국의 보스턴 다이내믹스를 인수해 로봇과 AI 분야의 선진 기술을 확보하고 있으며, 의왕 연구소에서는 각 바퀴에 독립적인 모터를 장착하여 앞뒤 주행뿐만 아니라 제자리 회전과 계단 오르기가 가능한 미래 소형 모빌리티 플랫폼으로 모베드를 선보였다.

우리나라 주력 수출산업인 자동차 시장에서 AI를 활용한 소프트웨어의 역할이 중요해지고, 이에 기반한 모빌리티 서비스 교역이 활발해질 것이다.

기계·장비 솔루션

제조 장비에 AI, IoT 기술을 접목해 진동, 전류 등을 실시간으로 측정해 이상 여부를 체크하고 데이터를 알고리즘으로 분석해 유지 보수가 필요한 시점을 예지하는 서비스 시장이 커지고 있다. GE, 슈나이더 일렉트릭, SAP 등이 경쟁 중이며, 국내에서는 두산에너빌리티가 발전소 장비의 원격 관리 서비스를 선보였다.

건설 기계 업계의 AI 기술 활용이 활발하다. 미국 캐터필러는 건설 중장비 관리, 생산성 유지 등을 디지털 기술로 원격 모니터링하고, 일본 고마츠는 위성 안테나와 각종 센서로 건설 기계의 움직임을 실시간으로 파악해 최적화하는 MaxiFleet을 선보였으며 건설 장비와 통합 관제 솔루션을 패키지로 제공하는 사업 모델을 추진 중이다. 국내 HD현대건설기계는 컨셉 X를 개발 중이다. 이제 단순히 건설 기계를 납품하는 것이 아니라 고객이 요구하는 건설 작업을 턴키 수주하여 건설 장비와 통합 관제 솔루션을 결합한 서비스 패키지를 판매하는 사업 모델로 진화하고 있다.

정밀 가공 기계 분야도 완제품 판매에서 제조 솔루션으로 패러다임이 바뀌고 있다. 공작 기계 업체 마작은 공작 기계와 IoT 자동화 시스템을 결합한 iSMART 팩토리를 사업화했고, 디엠지모리는 자사 공작 기계로 구현한 스마트 공장 솔루션을 선보였으며, 화낙은 자사 CNC 선반과 연결한 공장 자동화 플랫폼 FIELD를 판매해 가치를 창출하고 있다.

AI 시대 국가 전략

AI가 이끄는 제조의 디지털 전환으로 스마트 팩토리가 자율형 공장으로 진화하고, 제품과 디지털 서비스가 융합한 제조 서비스가 새로운 가치를 창출하는 시대가 펼쳐지고 있다. 우리 경제를 견인하는 수출에도 그 대상과 방식에 커다란 변화가 오고 있다. AI 시대를 주도할 국가 비전과 전략이 필요한 시점이다.

자율제조 혁신

우선 제조에 AI를 융합하는 자율제조 혁신이 필요하다. 한국은 제조 기술력, 공장 관리 노하우, IT 역량에 강점이 있고, 대기업 주도의 강력한 제조 생태계를 갖추고 있다. 산업의 디지털 전환 시기에 우리가 선진국을 모방하는 자세에서 벗어나 AI 기반 제조 혁신을 위한 독자적 전략을 갖추고 우리의 산업 경쟁력과 수출 역량을 발굴해 가는 진취적 접근이 필요하다. 그러한 차원에서 우리 제조업이 디지털 전환을 넘어 제조 기반 지식산업으로 도약하는 자율제조 혁신(가칭 AIX)이 국가 인공지능 전략의 주축이 되어야 한다.

일부에서 AI 산업을 거대 언어모델로 좁게 이해하는 경향이 있다. 일례로 지난해 과학기술정보통신부의 인공지능 정책보고서는 AI 산업의 규모를 4조 원으로 추정했고 2027년까지 6조 6,000억 원으로 늘리겠다고 했다. 초거대 AI 모델 개발을 위해 국가 R&D 예산을 대폭 지원하겠다고 홍보했다. 그렇게 하면 우리가 인공지능 강국이 될 것인가. 필자는 우리의 강점에서 시작해야 한다고 생각한다. 우리나라 제조업 매출이 1,300조 원 수준이다. 그중 27% 정도가 국내 부가가치다. 글로벌 컨설팅업체 맥킨지는 AI를 활용하면 생산성이 약 20% 높아질 것으로 전망했다. 우리가 제조 부문에서 AI를 활용해 경쟁국 대비 낮은 수준의 부가가치율을 3%만 끌어올려도 약 40조 원의 새로운 가치를 얻는다. 그것이 AI를 통해 실현하려는 혁신 경제다.

제조에 AI를 융합하는 것은 기업 생존의 문제다. AI가 생산성과 수율을 좌우하기 때문에 최신 기술에 적응하지 못한 기업은 경쟁력을 잃고 도태될 것이다. 그러한 이유에서 완성품 제조 공장은 디지털 전환을 서두르고 있다. 하지만 중소 부품업체는 이러한 기술 변화에 적응하기가 무척 버겁다. 디지털 전환을 위한 예산과 IT 인력이 부족하고 투입하더라도 수요 기업과 연동되지 않으면 헛수고다. 완성 대기업의 경우에도 자사 공급망을 구성하는 중소 부품업체들이 따라 주지 못하다 보니 디지털 전환의 성과가 나지 않는다. 산업 혁신을 이끄는 리더십과 신뢰가 요구되는 시점이다. 이에 다음 두 가지 사항이 중요하다.

첫째, 수요 대기업이 주도하는 공급망 협업체를 구성해 제조의 AI 내재화를 확산해야 한다. 반도체, 자동차, 철강, 가전 등 분야별로 대기업이 앵커 역할을 맡아 참여 중소기업의 AI 역량을 끌어 줘야 한다. 수요 기업, 공급 기업, SI 기업, 협력업체가 함께 AI 활용 사례를 발굴하고 성과를 공유하는 것이다.

둘째, 공급망 참여 기업 간의 디지털 연결과 협업이 가능한 가상공간을 구축해야 한다. 일례로 삼성전자 반도체 공장을 모사하여 디지털트윈 기반 가상 협업 공장을 구축하는 것이다. 가상 공간에서 중소기업은 자율공장 운영 방식을 이해하고 자사가 개발한 장비와 솔루션의 성능을 테스트하고 최적화한다. 이를 토대로 공급망 참여 업체 간 디지털 연결로도 이어지고 협업을 통해 고객

서비스를 고도화할 수 있다.

통상의 디지털 전환

다음으로 AI 시대를 선도하는 대외 통상 전략의 추진이 필요하다. 자율제조 해외 진출 확대에 초점을 맞추어 협상 의제를 재구성하고, 이를 토대로 새로운 국제 규범 형성 논의에 기여해야 한다.

첫째, 아날로그 방식의 무역 거래 제도와 절차를 새로운 디지털 거래와 교역 환경에 맞게 전환해 글로벌 교역을 활성화하고 경제 성장의 기회를 창출해야 한다. 우리가 무역 거래 전반의 디지털 전환을 위한 이니셔티브(가칭 'Trade DX')를 마련해 국제적 논의를 주도해 나갈 필요가 있다.

둘째, 제조에 AI 기술을 융합한 새로운 서비스의 글로벌 교역에 개방적 환경을 조성해야 한다. '디지털 융합 서비스'에 기존 통상 규범의 규율을 그대로 적용하는 것은 서비스 품목 분류와 양허 여부 판단에 논란을 해소할 수 없고 새로운 시장을 창출하는 데에도 한계가 있다. 통상 규범에서 상품과 서비스를 결합한 새로운 접근을 시도할 필요가 있다.

셋째, 자율주행차를 중심으로 AI 기반 디지털 통상에

대해 새로운 통상 거버넌스를 갖추어야 한다. 각국은 자율주행차 상용화를 목표로 안전 기준, 제조물 책임, 민감정보 보호, 사이버 보안 등에 걸쳐 다양한 제도적 장치를 준비하고 있으나, 서로 상이한 규제와 접근으로 향후 국제 교역의 장애가 될 여지가 크다. 국제 표준에 기반한 상호 운용성 확보를 추진해야 한다.

참고문헌

김호철(2023a). "기술경쟁 시대 기계산업의 도전과제와 첨단제조 지능형 혁신(AIX)". ≪기계기술정책≫ 2권 1호, 3-35.

김호철(2023b). "산업의 디지털 전환, 글로벌 지정학과 통상협상 新의제 검토". ≪통상법률≫ 제158호, 3-57.

김호철

산업통상자원부 부이사관이다. 현재 통상법무기획과장을 맡고 있으며 KDI 국제정책대학원 겸임교원이다. 서울대학교 법학전문대학원에서 법학전문박사학위를 받았다. 미국 조지타운 로스쿨에서 공부했고 버지니아주 변호사 자격을 취득했다. 저서로 『기후변화와 WTO: 탄소배출권 국경조정』(2011)이 있고, "인공지능 거버넌스와 통상규범의 과제"(2023), "산업의 디지털 전환, 글로벌 지정학과 통상협상 新 의제 검토"(2023) 등 20편 이상의 논문을 KCI, SSCI 등 국내외 등재 학술지에 게재했다.